सनातन धर्म क्या है?

पं. श्री धीरेन्द्र कृष्ण शास्त्री

'श्री बागेश्वर धाम सरकार'

Kautilya

ISBN : 978-93-90885-94-7

मूल्य : ₹ 350.00

पहला संस्करण : 2024
दूसरा संस्करण : 2024

प्रकाशक : कौटिल्य बुक्स
ई-2/59, ग्राउंड फ्लोर, सेक्टर-11, रोहिणी
नई दिल्ली-110 085
फोन : 011-47534346, +91 99115 54346
ई-मेल : mail@kautilya.in
वेबसाइट : kautilya.in

आवरण एवं रेखा चित्र : राजेश खरे (संजू)

मुद्रक : विकास कम्प्यूटर्स एण्ड प्रिंटर्स, ट्रोनिका सिटी, गाज़ियाबाद

Sanatan Dharm Kya Hai?
by Pandit Shri Dhirendra Krishna Shastri

विश्व के सभी सनातनियों को सादर समर्पित

अनुक्रम

श्रीवागेश्वर धाम बालाजी सरकार

परग पूज्य दादागुरु पं. श्री सेतुलाल गर्ग जी

शुभाशीर्वाद

जगद्गुरु रामानन्दाचार्य स्वामी श्रीरामभद्राचार्य महाराज, तुलसीपीठाधीश्वर
(राष्ट्रपति द्वारा पद्मविभूषण से सम्मानित)
श्री तुलसीपीठ सेवा न्यास, चित्रकूट, उत्तरप्रदेश

गीता, गङ्गा च गायत्री, गौश्च गोविंद एव च।
सनातनश्च धर्मस्य पंचप्राणा उदीयता ॥

गीता, गङ्गा, गायत्री, गो-माता और भगवान् श्रीरामकृष्ण यही सनातन धर्म के पाँच प्राण हैं। मेरे प्रिय शिष्य, श्री बागेश्वर पीठाधिपति आयुष्मान् श्री धीरेन्द्र कृष्ण शास्त्री ने सनातन धर्म के संबंध में एक पुस्तक, 'सनातन धर्म क्या है?' लिखी है जो आज के युवकों के लिए बहुत ही प्रेरणाप्रद है। सनातन परमात्मा ने सनातन जीवों के सनातन दुःखों की सनातन निवृत्ति के लिए जिन सनातन उपायों का निर्देश किया है उन्हीं के सनातन संग्रह का नाम है 'सनातन धर्म'। जिसका मूल स्रोत हैं ऋग्वेद, यजुर्वेद, सामवेद, अथर्ववेद, शिक्षा, कल्प, निरुक्त, ज्योतिष, छंद और व्याकरण, पुराण, न्याय, मीमांसा और धर्मशास्त्र, श्रीरामायण और श्रीमहाभारत तथा इन्हीं शाश्वत पुष्पों के भाव परागों से यह पुस्तक लिखी गई है। मुझे इस पुस्तक से बहुत प्रसन्नता हुई है। मैं भगवान् श्री सीताराम जी से इस पुस्तक के प्रचार-प्रसार की शुभकामना करता हूँ। इति मंगलामाशास्ते।

स्वामी श्री राजेन्द्रदास देवाचार्य जी महाराज, श्री मलूकपीठाधीश्वर
श्री मलूकपीठ, वंशीवट, वृन्दावन, मथुरा, उत्तर प्रदेश

यह जानकर अत्यन्त आह्लाद हुआ कि आपने अपने आराध्य इष्ट श्री बागेश्वर बाला जी की प्रेरणा से 'सनातन धर्म क्या है?' शीर्षक से शोभित पुस्तक को लिपिबद्ध किया है, जिसका उद्देश्य भारतवर्ष के विद्यार्थियों में 'अपने देश-भारतवर्ष' एवं उसकी धुरी 'सनातन धर्म' के प्रति जागृति एवं अगाध प्रेम की उत्पत्ति करना है। भगवत्कृपा एवं गुरुकृपा से, सन्तों के लाडले-प्यारे आदरणीय श्री धीरेन्द्र कृष्ण शास्त्री जी सनातन धर्म के परचम को पूरे संसार में फहरा रहे हैं। गुरुकृपा से प्राप्त लोकोत्तर बल-विवेक से जहाँ आप एक ओर बहुत बड़ी संख्या में लोगों के मन-मस्तिष्क में सनातन धर्म के प्रति विश्वास को अति-प्रगाढ़ कर रहे हैं, वहीं दूसरी ओर दास के विश्वास के अनुसार 'सनातन धर्म क्या है?' नामित पुस्तक के माध्यम से आप भारतवर्ष की भावी पीढ़ी को ही नहीं अपितु राष्ट्र के सभी नागरिकों को राष्ट्रभक्ति, गौभक्ति, मातृपितृगुरुभक्ति, आहार की शुद्धता की महत्ता, साधु-सन्तों के लक्षण एवं उनकी संगति की महत्ता, धर्मपरायणता का पाठ पढ़ाने एवं सम्बद्ध नियमों का पालन करवाने में सफल होंगे। शुभं भूयात्।

परम पूज्य संत, श्रद्धेय श्री विनोद बाबा जी महाराज

बरसाना, मथुरा, उत्तर प्रदेश

दुर्लभो मानुषो देहो देहिनां क्षणभङ्गुरः।
तत्रापि दुर्लभं मन्ये वैकुण्ठप्रियदर्शनम् ॥

मनुष्य तन प्राप्त होना बहुत दुर्लभ है और कब छूट जाए कोई गारंटी नहीं है। उससे भी दुर्लभ है संत महापुरुषों का सत्संग। जिस पेड़ में फल लगता है वह झुक जाता है जिस संत में नम्रता होती है वह भी झुक जाता है। हमारे श्री धीरेन्द्र कृष्ण जी कितने नम्र हैं, कितने दीन हैं! इतने सद्गुणों से अलंकृत होते हुए भी इतनी सुंदर विनम्रता। ये इनके गुरु की, इनके इष्ट की कृपा है। इनकी पुस्तक 'सनातन धर्म क्या है?' सभी को पढ़नी चाहिए। पुस्तक के लिए हमारी अनेक शुभकामनाएँ।

परम पूज्य संत श्री बालक योगेश्वरदास जी महाराज

अतिविष्णु महायज्ञ सेवा समिति, श्री बद्रीनाथ धाम उत्तराखंड

परम स्नेही अनुज श्री धीरेन्द्र कृष्ण शास्त्री जी महाराज, श्री बागेश्वरधाम सरकार द्वारा लिखित पुस्तक 'सनातन धर्म क्या है?' विशेष कर युवा पीढ़ी के लिए संस्कार, भक्तिभाव, राष्ट्रप्रेम, समाजसेवा एवं श्रद्धाभाव जागृत करेगी। मैं भगवान् श्रीबद्रीविशाल जी से प्रार्थना करता हूँ कि हमारे भाई श्री धीरेन्द्र कृष्ण शास्त्री जी श्री बागेश्वरधाम सरकार के ऊपर भगवान् श्रीबद्रीविशालजी का आशीर्वाद हमेशा बना रहे। आपके हर संकल्प पूर्ण हों। 'सनातन धर्म क्या है?' पुस्तक प्रकाशित करने की बहुत-बहुत हार्दिक शुभकामनाएँ।

परम पूज्य संत, श्रद्धेय श्री देवकीनन्दन 'ठाकुर जी' महाराज
विश्वशांति सेवा चैरिटेबल ट्रस्ट, वृन्दावन, मथुरा, उत्तर प्रदेश

हमारे अत्यन्त प्रिय, प्राणों से प्यारे अनुज भ्राताश्री पूज्य श्री बागेश्वरधाम सरकार ने धर्म के लिए युवाओं में अद्भुत क्रांति लाई है। बाला जी महाराज ने हमारे प्यारे अनुज भैया पर इतनी महती कृपा की है कि वे आप लोगों के कष्टों का निवारण करते हैं और वह भी लाखों लोगों के सामने खुले दरबार में। जो लोग कहते हैं कि भगवान् नहीं होते, दिव्य शक्तियाँ नहीं होतीं, चमत्कार, हनुमान् जी की कृपा, रिद्धियाँ नहीं होतीं; श्री बागेश्वर धाम सरकार का दरबार उन लोगों के मुँह पर तमाचा है। मेरे छोटे भाई सभी सनातनियों की आँखों में वो दिव्यदृष्टि जगा रहे हैं जिससे हमारे छोटे-छोटे बच्चे भी 'सनातन धर्म क्या है?' इसे समझेंगे।

न पद चाहता हूँ, न प्रतिष्ठान चाहता हूँ;
जिसमें सुरक्षित हो आने वाली पीढ़ी,
मैं ऐसा हिंदुस्तान चाहता हूँ ॥

परम पूज्य, श्रद्धेय डॉ. श्री श्याम सुन्दर पाराशर जी

श्याम प्रेम संस्थान, पाराशर अध्यात्म पीठ, वृन्दावन, मथुरा, उत्तर प्रदेश

यह जानकर अत्यंत हर्ष हुआ कि आपके द्वारा श्री बागेश्वर बाला जी की कृपा से 'सनातन धर्म क्या है?' इस शीर्षक से सुशोभित पुस्तक का लेखन हुआ है। श्रीबाला जी महाराज आपके माध्यम से भारत के नवयुवक तथा आधुनिकता की चकाचौंध में डूबे हुए प्राणियों को भारतीय संस्कृति का स्वरूप एवं महत्त्व प्रतिपादन कराना चाहते हैं। आज का नवयुवक आपके मार्गदर्शन में 'विश्वगुरु भारत हिंदू राष्ट्र' की उद्घोषणा के साथ आगे बढ़ रहा है। ऋषियों का संदेश जन-जन तक आपके माध्यम से पहुँचे ऐसी कामना।

परम पूज्य श्री पुण्डरीक गोस्वामी जी महाराज

वैजयंती आश्रम, ज्ञान गूदड़ी, वृन्दावन, मथुरा, उत्तर प्रदेश

श्री बागेश्वर धाम सरकार द्वारा लिखित पुस्तक 'सनातन धर्म क्या है?' अत्यंत हर्ष का विषय है। जिसकी अपने उपास्य देव के चरणों में पूर्ण निष्ठा, पूर्ण विश्वास और पूर्ण समर्पण ही वास्तव में अनन्यता है। जिसके स्वभाव में विनम्रता, शब्दों में मिठास और कर्म में कर्तव्यनिष्ठा है, ऐसे श्री बागेश्वर धाम सरकार। मैं भगवान् श्री राधारमण जी से प्रार्थना करता हूँ कि प्रिय श्री धीरेन्द्र कृष्ण शास्त्री, श्री बागेश्वर धाम सरकार के ऊपर श्री राधारमण जी की कृपा दृष्टि हमेशा बनी रहे। पुस्तक 'सनातन धर्म क्या है?' के लिए हार्दिक शुभकामनाएँ।

परम पूज्य स्वामी श्री सुतीक्ष्ण देवाचार्य जी महाराज
श्री मज्जगद्गुरु द्वाराचार्य श्री नाभापीठाधीश्वर
श्री नाभापीठ, सुदामा कुटी बंशीवट, श्रीधाम वृन्दावन, मथुरा, उत्तर प्रदेश

पुस्तक 'सनातन धर्म क्या है?' निश्चित ही युवा पीढ़ी के जीवन में एक अद्भुत चेतना लाएगी। सनातन धर्म ईश्वर का साक्षात्कार कराता है। सनातन ही सत्य है, शाश्वत है जो संपूर्ण ब्रह्माण्ड में ईश्वर, आत्मा और मोक्ष का ज्ञान कराता है। श्री बागेश्वर धाम सरकार पर श्री हनुमान् जी महाराज की अहैतुकी कृपा है जो इस आधुनिक युग में खुले दरबार में लोगों की चुनौती स्वीकार करते हुए लाखों लोगों के कष्टों का निवारण करते हैं। पुस्तक 'सनातन धर्म क्या है?' युवाओं के लिए मार्गदर्शक व प्रेरणास्रोत होगी। पुस्तक की सफलता के लिए हृदय की गहराइयों से शुभकामनाएँ।

परम पूज्य भागवत भास्कर श्रीकृष्णचन्द्र शास्त्री (ठाकुर जी)
श्रीकृष्ण प्रेम संस्थान, श्रीभागवत कृपा निकुंज, रमणरेती मार्ग,
वृन्दावनधाम, मथुरा, उत्तर प्रदेश

श्री बागेश्वर धाम बाला जी के परम कृपापात्र एवं हमारे पुत्रतुल्य आयुष्मान् श्री धीरेन्द्र कृष्ण शास्त्री जी के द्वारा 'सनातन धर्म क्या है?' पुस्तक का लेखन हुआ है। प्राण जाते हुए भी जिसका त्याग न किया जाता हो एवं जिसकी रक्षा करना हमारा परम कर्तव्य है, वही धर्म है। 'धर्मो रक्षति रक्षितः।' धर्म की रक्षा करेंगे तो धर्म भी आपकी रक्षा करेगा, हमारा यह सनातन धर्म जिसका न आदि है ना अंत है। आयुष्मान् श्री धीरेन्द्र कृष्ण जी ने हमारे भारत ही नहीं अपितु संपूर्ण विश्व में सनातन की अलख जगा रखी है। घर-घर तक सनातन धर्म ध्वजा लहरा रहे हैं। हमें आशा है 'सनातन धर्म क्या है?' पुस्तक के माध्यम से युवा पीढ़ी को बहुत लाभ मिलेगा। उन्हें सनातन धर्म, सनातन संस्कृति की जानकारी मिलेगी। बहुत-बहुत मंगलकामनाएँ, शुभाशीर्वाद।

परम पूज्य, श्रद्धेय श्री जगद्गुरु रामानुजाचार्य स्वामी श्री राघवाचार्य जी महाराज,

श्रीरामललासदन देवस्थान,
श्रीधाम पीठाधीश्वर,
श्री सम्प्रदायाचार्य, अयोध्या, उत्तर प्रदेश

वर्तमान भौतिक परिवेश में आज की युवा पीढ़ी पश्चिमी सभ्यता के प्रभाव से दिग्भ्रमित हो रही है, उनके लिए यह पुस्तक प्रेरणास्पद है। मंगल कामनाएँ एवं शुभाशीर्वाद। शुभं भूयात्।

परम पूज्य श्री श्री १००८ महामण्डलेश्वर महन्त श्रीरामदास जी महाराज

दंदरौआ धाम, मेहगाँव,
जिला भिण्ड, मध्य प्रदेश

यह पुस्तक भारतीय युवा पीढ़ी के जीवन में अद्भुत चेतना लाएगी। सनातन ही सत्य है। और सत्य ही सनातन है, शाश्वत है। पुस्तक की सफलता के लिए हृदय की गहराइयों से शुभकामनाएँ।

परम पूज्य श्री अनिरुद्धाचार्य जी महाराज,

श्री गौ गौरी गोपाल सेवा संस्था समिति, वृन्दावन, मथुरा, उत्तर प्रदेश

परम पूज्य श्री बागेश्वर सरकार स्वामी जी के द्वारा जो कार्य हो रहे हैं—निर्धन बेटियों के विवाह, हिंदू राष्ट्र की चर्चा, पूज्य श्री बागेश्वर बाला जी सरकार के चमत्कार दिखा कर जन-जन के हृदय में भक्ति की चेतना स्थापित करना और उनकी कृपा से सबका दुःख-दर्द हरना आदि; इससे समाज में एक नई जागरूकता आ रही है। आपका 'सनातन धर्म क्या है?' पुस्तक का प्रयास अति शोभनीय, प्रशंसनीय है। हम सभी, पूरा राष्ट्र पूज्य श्री महाराज जी के साथ हैं।

परम पूज्य डॉ. श्री संजीव कृष्ण ठाकुर जी महाराज,

समर्पण गौशाला, नीमगाँव, गोवर्धन, उत्तर प्रदेश

सनातन धर्म संकीर्णताओं से ऊपर उठकर केवल स्वयं के लिए नहीं अपितु समष्टि के लिए जीने की प्रेरणा प्रदान करता है। सनातन धर्मविहीन शिक्षा ही हमारे समाज में पतन एवं वैमनस्यता का मुख्य कारण रही है। सनातन धर्मपरक शिक्षा ही हमारे राष्ट्र के साथ-साथ सम्पूर्ण विश्व की वर्तमान में जन्म लेती सभी समस्याओं का एकमात्र समाधान है। सनातन धर्म की पुनः प्रतिष्ठा के लिए किए जा रहे सभी दैवीय प्रयासों के लिए हृदय से कोटि-कोटि शुभकामनाएँ।

परम पूज्य श्री इन्द्रेश जी उपाध्याय महाराज,

श्री भक्तिपथ सेवा ट्रस्ट, वृन्दावन, मथुरा, उत्तर प्रदेश

सनातन कितना प्रभावी एवं महत्त्वपूर्ण है इसके उदाहरण हैं विश्व भर की तमाम अंतरिक्ष शोध संस्थाएँ जैसे इसरो, नासा, रोस कॉसगॉरा आदि, जो वेद-पुराणों पर शोध कर, विज्ञान के माध्यम से अंतरिक्ष यानों का सफल प्रक्षेपण कर रही हैं। श्री बागेश्वर धाम पीठाधीश्वर, हमारे अग्रज एवं सखा तुल्य परम पूज्य श्री धीरेन्द्र कृष्ण शास्त्री महाराज जी ने जिस प्रकार विश्व के कोने-कोने के सनातनी भाई-बहनों को जगाया है, उसी प्रकार यह ग्रंथ भारत को अखंड हिंदू राष्ट्र एवं विश्वगुरु बनाने में सहयोग करेगा। परम पूज्य अग्रज को अनंतानंत शुभकामनाएँ एवं श्री चरणों में कोटि-कोटि दंडवत प्रणाम।

पुस्तक का परिचय

पुस्तक का परिचय

'सनातन धर्म' यहाँ हमें दो शब्द दिखाई दे रहे हैं। 'सनातन' और 'धर्म'।

१. सनातन का मतलब है शाश्वत सत्य।

२. सनातन का मतलब है पुरातन, अति प्राचीन, हमेशा रहने वाला।

३. जिसका न आदि है, न अंत, वही है सनातन।

४. सनातन ही सत्य है, वही शिव है, शिव ही सनातन है। सत्य ही ईश्वर है। और ईश्वर ही सनातन है।

५. सनातन का मतलब जिसके पहले ना कुछ था, जिसके बाद न कुछ रहेगा, और जिसमें ही सब कुछ है, वही सनातन है।

६. धर्म अर्थात् किसी भी पदार्थ का मूलभूत, मौलिक, सहज स्वभाव। जैसे, अग्नि का धर्म है गर्मी, जलाना। पानी का धर्म है शीतलता, तरलता।

७. धर्म यानी वो मूलभूत गुण जिसके बिना उस वस्तु की कल्पना भी नहीं की जा सकती है।

८. इस प्रकार 'सनातन धर्म' का अर्थ हुआ कि वह मूलभूत, मौलिक स्वभाव जो नित्य, चिरस्थायी व शाश्वत है। अर्थात् जो सदैव से था, है और सदैव रहेगा।

९. सनातन धर्म को देखें तो पाएँगे कि यह कोई पंथ या सम्प्रदाय नहीं है बल्कि जीवन की पद्धति है। वेदों, पुराणों और धर्म

ग्रंथों में धर्म का शाब्दिक अर्थ देखें तो हम पाते हैं कि जो धारण करने योग्य है, वही धर्म है। 'धारयति इति धर्मः'।

१०. जो अपने अनुकूल न हो, वैसा व्यवहार दूसरे के साथ नहीं करना चाहिये—यह धर्म की कसौटी है।

धर्म की छत्रछाया तले मनुष्य का जीवन सार्थक, रसमय और आनन्द से परिपूर्ण हो जाता है। धर्म के मार्गदर्शन के बिना मनुष्य का जीवन उस जलेबी की तरह है जिसे चाशनी में ना डुबाया गया हो। जब तक जलेबी को चाशनी में नहीं डुबाते तब तक उसमें मिठास नहीं आती है। इसी प्रकार व्यक्ति में जब तक धर्म का गुण न हो तब तक जीवन में मिठास नहीं आती है। जीवन को नीरस बनाना है तो आप बिना धर्म के जिएँ। और यदि आपको अपना जीवन रसमय, आनन्दमय और उत्साह से भरा हुआ बनाना है तो सनातन धर्म के सिद्धान्तों के साथ जिएँ।

हमारे देश के युवाओं ने अपने-अपने समय पर एक से बढ़कर एक महान् कार्य किए हैं। यह देश अद्भुत विभूतियों से भरा पड़ा है। त्रेता में भगवान् श्रीराम, द्वापर में भगवान् श्रीकृष्ण, कलयुग में गौतम बुद्ध, महावीर भगवान्, जगद्गुरु आदि शङ्कराचार्य, स्वामी विवेकानंद, भक्त ध्रुव, भक्त प्रह्लाद, संत ज्ञानेश्वर जैसे अनेकों उदाहरणों से हमारा इतिहास भरा पड़ा है। नचिकेता जैसा ज्वलंत उदाहरण अन्य कहीं देखने को नहीं मिल सकता है।

इस संसार में असंभव कुछ भी नहीं है।
सब कुछ संभव है सनातन धर्म के साथ ॥

हम भारत के लोगों को, पाठकों को, अपने बच्चों को, 'सनातन धर्म क्या है?' इस पुस्तक के माध्यम से यह बताना चाहते हैं कि किसी भी व्यक्ति का शरीर कितना भी सुंदर हो जब तक चरित्र सुंदर नहीं होगा तो वह सर्वग्राही नहीं होगा। जिस प्रकार एक बस दिखने में तो बहुत सुंदर हो लेकिन उसका इंजन ख़राब हो, जैसे बादल बहुत घने छाए हुए हों, परंतु बारिश न आ रही हो, उसी प्रकार, कोई भी बालक-बालिका, युवा बहुत सुंदर हो, पढ़ने-लिखने में तो बहुत बुद्धिमान हो; लेकिन उसके अंदर यदि

संस्कार नहीं है, संस्कृति नहीं है, तो उसका हाल उसी बस के जैसा है जो दिखने में तो सुंदर है लेकिन चल नहीं सकती है। वैसे ही तनाव-मुक्त जीवन जीने के लिए, अपने राष्ट्र को आगे बढ़ाने के लिए और भारत को विश्वगुरु बनाने के लिए 'सनातन धर्म क्या है?' यह पुस्तक है।

पुत्र वह नहीं है जिसे पिता के नाम से जाना जाए; अपितु पुत्र वह है जिसके नाम से पिता को जाना जाए। यह भाव हम अपने पाठकों को इस पुस्तक के माध्यम से बताना चाहते हैं। सनातन धर्म होगा तो संस्कृति होगी। संस्कृति होगी तो हमारे जीवन जीने की शैली बहुत पवित्र होगी। आहार-व्यवहार शुद्ध होगा। आहार-व्यवहार शुद्ध होगा तो हमारा परिवार आगे बढ़ेगा। परिवार आगे बढ़ेगा तो राष्ट्र आगे बढ़ेगा और विश्वगुरु होगा। भारत में रहने वाले प्रत्येक बच्चे को यह पुस्तक पढ़कर अपने जीवन में उपयोग में लानी चाहिए। पुस्तक का उद्देश्य है कि यह हमारे देश के सभी विद्यार्थियों के लिए बहु-उपयोगी साबित हो, और उनके भीतर राष्ट्र के लिए, सनातन धर्म के लिए, सनातन धर्म की जागृति पैदा करे ताकि भारत को इसका लाभ मिले।

लेखक का संदेश

लेखक का संदेश

प्रिय पाठकों! मेरे प्यारे-प्यारे बच्चों! आपके माता-पिता एवं अभिभावक! एवं आपके परिवारजन! बहुत अच्छे होंगे आप, हमें भरोसा है। आप सभी ऐसे ही हँसा करो, हँसाया करो। ऐसे ही पढ़ो और आगे बढ़ो। हम अपने इष्ट श्री बागेश्वर बाला जी के चरणों में प्रार्थना करते हैं कि आपका जीवन मंगलमय हो!

इस पुस्तक का बीजारोपण एक घटना के कारण हमारे मन में हुआ। एक बच्चे को हमने बहुत पास से देखा जिसका परिवार संस्कारमय था, पूरा परिवार बहुत अच्छा था, लेकिन उसके बहक जाने के बाद, दूसरे मज़हब में जाने के बाद माता-पिता ने रोकर जो घटना बतायी उसके बाद हमारे अंदर गुरुप्रेरणा से एक भाव जागृत हुआ कि उस बच्चे को मिली संगत ने उसका दिमाग़ बदल दिया। कहीं हमारा सनातन धर्म पूरा न बदल जाए। जब हमने उस बच्चे से पूछा कि सनातन धर्म में क्या कमी है जो तुमने मज़हब को बदला तो वह जवाब नहीं दे पाया। वह बोला कि उसे पता ही नहीं कि सनातन धर्म में विशेषताएँ क्या हैं। तब फिर हमारी उससे बात हुई। वर्तमान में जो गुरुप्रेरणा लगी, उसको हमने समझाया, बताया तो भगवत्-कृपा से वह सनातन की ओर है। और बहुत जल्दी ही सनातन धर्म में होगा। इसलिए प्रत्येक पाठक के लिए यह पुस्तक आवश्यक है। उस बच्चे को मिली संगत ने उसके दिमाग़ को ऐसा बदला, जिसने हमारे दिल को झकझोर दिया। और हमें लगा कि हमें पूरे देश के बच्चों को, जो हमारा ही परिवार है, उन्हें कुछ ऐसा सौंपना चाहिए जिससे बच्चों को पता हो कि हमारा सनातन धर्म क्या है। यदि कोई उनसे पूछे तो उसका मुँहतोड़

जवाब होना चाहिए हमारे प्रत्येक सनातनी बच्चे के पास। उन लोगों के लिए मुँहतोड़ जवाब होना चाहिए जो सनातन धर्म के विषय में दुष्प्रचार करते हैं, इसे अन्य मज़हबों की तुलना में कमतर बताते हैं। मैं अपने सारे बच्चों को यह पुस्तक सौंप रहा हूँ। यह पुस्तक उनको जीवन भर काम आएगी, और वे अपनी सनातन संस्कृति को समझ पाएँगे।

मेरे बच्चों! वर्तमान परिस्थितियाँ बहुत विचित्र हैं। भौतिकवाद का युग है। संसाधनों के पीछे व्यक्ति भाग रहा है, साधनों के पीछे भाग रहा है। समाज साधनाहीन होता जा रहा है। ऐसी परिस्थितियों में पाश्चात्य संस्कृति ने हमारे भारत के बच्चों के मन-मस्तिष्क को बदल के रख दिया है। आजकल साधन के युग में, साधन को पकड़ कर, धन-संपत्ति, अमीरी पाकर, बच्चे बड़े तो हो रहे हैं लेकिन संस्कारहीन हो रहे हैं। उनमें न तो प्रेम है, न करुणा है, न शांति है, न मोक्ष की कामना है। और जब दूसरे मज़हब का कोई व्यक्ति नए रूप में उनके सामने कुछ बोलता है, या सनातन धर्म को नीचा दिखाता है और अपने मज़हब को ऊँचा बताता है तो हमारे बच्चों के पास कोई उत्तर नहीं होता है कि सनातन धर्म क्या है, इसमें ग्रंथ कितने हैं, हमारे सनातन धर्म में भगवान् कौन हैं, हमारे सनातन में भगवान् की महिमा क्या है, हमारे सनातन का उद्देश्य क्या है, यह कब बना या सनातन धर्म की हमारे जीवन में क्या भूमिका है। जब हमारे बच्चों को पता नहीं

होता तो या तो वे बहक जाते हैं, दूसरे मज़हबों को स्वीकार कर लेते हैं, या फिर चुप होके, मन हीन करके घर लौट आते हैं। इसी बात को दृष्टिकोण में रखते हुए, मेरे प्यारे बच्चों! हमने आपके लिए इस पुस्तक में कोशिश कर इतना समावेश किया है कि आपको इतना पता हो जाए कि सनातन धर्म क्या है। इसके कितने ग्रंथ हैं? कितने महापुरुष हो चुके हैं? हमारे तीर्थ स्थल कितने हैं? सनातन धर्म की भूमिका क्या है? सनातन धर्म की अन्य मज़हबों से तुलना क्या है?

मेरी बहनों! इस पुस्तक के माध्यम से हम अपने परिवार जनों को, पूरे भारतवासियों को सनातन की महिमा का भाव देना चाहते हैं। सनातन का कोहिनूर हीरा देना चाहते हैं। अब प्रत्येक अभिभावक, प्रत्येक माता-पिता, प्रत्येक बच्चे का धर्म है कि इस पुस्तक को कंठस्थ करे एवं समय आने पर अगर कोई सनातन धर्म की या अन्य मज़हब की बात कोई करता है, तो उसे मुँह-तोड़ जवाब दें और उसके सामने आप भी कहें कि "हाँ, मैं

भी सनातनी हूँ!" यह गौरव की बात है। गर्व के साथ आप कहो कि आप उस परंपरा से हो जिसने समस्त मज़हबों, समस्त पंथों को जन्म दिया है। उनके जनक, सनातनी, आप हो। बहुत से बच्चों को सनातन धर्म के बारे में उत्तर पता नहीं है। सत्य का पता नहीं है। सनातन धर्म के बारे में पता नहीं है कि—राम कौन थे? ग्रंथ कितने हैं? तीर्थ कितने हैं? इनके उत्तरों को ध्यान में रखते हुए यह पुस्तक लिखी गई है।

प्रिय अभिभावकों! आपके बच्चे भागते-दौड़ते जीवन में अपने पूर्वजों के संस्कारों के प्रवाह को तोड़ देते हैं। और आपकी आँखों के सामने उनकी ऐसी दुर्दशा हो जाती है जो आपको एक दिन खलती है और निश्चित रूप से हमारे समाज को भी खलती है। ऐसे अनेक उदाहरण हैं जिन्होंने अपने माता-पिता की अवहेलना कर दूसरे मज़हब में जाकर विवाह किया। इसका मूल कारण है कि हमने अंग्रेज़ी के चक्कर में, पाश्चात्य संस्कृति के चक्कर में, अपने बच्चों के बचपन काल में संस्कार और संस्कृति का पर्याप्त रूप से बीजारोपण नहीं किया। अगर किया होता तो आपका बालक भी छत्रपति वीर शिवाजी हो सकता था। आपका बालक भी स्वामी विवेकानंद, भगवान् श्रीकृष्ण, भगवान् श्रीराम जैसा हो सकता है। आपकी बालिका भी रानी लक्ष्मीबाई, मीराबाई जैसी हो सकती है। आपके बालक-बालिकाएँ भी इस देश का गौरव बढ़ा सकते हैं। आपके बालक-बालिकाएँ भी भगवान् आदि शङ्कराचार्य, रामकृष्ण परमहंस, रमण महर्षि, छत्रपति शिवाजी महाराज, सुभाष चंद्र बोस, चंद्रशेखर आज़ाद, शहीद भगत सिंह, जीजाबाई की तरह इस देश के लिए बड़ी-बड़ी उपलब्धियाँ ला सकते हैं। जिससे न सिर्फ़ आपका गौरव बढ़ेगा, बल्कि हमारे समाज का, हमारे सनातन का, और हमारे भारत का भी गौरव बढ़ेगा। मेरी अपनी आत्माओं! इस दृष्टिकोण से, इस संदेश के माध्यम से हम प्रार्थना करना चाहते हैं कि जागो सनातनी! जागो! इस पुस्तक को जन-जन तक पहुँचाओ और गर्व से कहो 'हम सनातनी हैं!' इसी ध्येय के लिए इस पुस्तक को लिखा गया है।

इस पुस्तक को लिखते समय हमने यह ध्यान दिया है कि हमारे सभी पाठकों तक सनातन धर्म की संक्षिप्त और तथ्यपूर्ण जानकारी पहुँचे।

इसलिये हमने सनातन धर्म के ग्रंथों का, सनातन के हमारे महापुरुषों का, सनातन के सिद्धांतों का, सनातनियों के लक्षणों का परिचय दिया है। मेरे प्यारे-प्यारे बालक-बालिकाओं! इस पुस्तक को ध्यानपूर्वक हमारे सभी विद्यार्थी पढ़ें। और उनके माता-पिता भी इस बात का ध्यान रखें कि वे अपने बच्चों को यह पुस्तक कम-से-कम एक बार, आरंभ से अंत तक, पूरी अवश्य पढ़ाएँ ताकि वे सनातन धर्म की एक संक्षिप्त और तथ्यात्मक जानकारी अपने पास रख सकें। लोग अगर हमसे पूछें कि बागेश्वर महाराज का क्या ध्येय है तो–

हमें तुमसे न दान चाहिए।
न हमें मान चाहिए, न सम्मान चाहिए।
न हमें तुमसे अपमान चाहिए,
पाठकों! हमें तो तुम्हारे हृदय में
सिर्फ़ सनातन रूपी हनुमान् चाहिए ॥

ये हमारे सनातन धर्म के उद्देश्य हैं। इन्हीं उद्देश्यों को जन-जन तक पहुँचाने के लिए, 'सनातन धर्म क्या है?' पुस्तक लिखी गयी है। इस पुस्तक में सनातन धर्म के मुख्य-मुख्य बिन्दुओं को लिया गया है। सनातन धर्म का संपूर्ण विवरण लिखना असंभव है क्योंकि सनातन धर्म अत्यंत विशाल, विस्तृत व अनंत है और इसकी जानकारी बड़ी सूक्ष्म है।

–पं. श्री धीरेन्द्र कृष्ण शास्त्री, 'श्री बागेश्वर धाम सरकार'
पीठाधीश्वर, श्री बागेश्वर धाम

अध्याय १

सनातन धर्म की परिभाषाएँ

सनातन धर्म की परिभाषाएँ

सनातन धर्म हमें सिखाता है कि ➔

जो प्राप्त है, सो पर्याप्त है।

इस प्रकार की बुद्धि रखते हुए जो कुछ भी कर्म करें उसे ईश्वर को अर्पण करते हुए करते रहें। और हमें जो कुछ भी प्राप्त हो उसे प्रसाद-बुद्धि से, ईश्वर का प्रसाद-बुद्धि मानकर ग्रहण करें। सनातन धर्म हमें इस प्रकार का जीवन जीना सिखाता है। जब हमें सुख प्राप्त होते हैं तो हम प्रसन्न होते हैं। परंतु दुःख को भी प्रसाद के रूप में ग्रहण करना है और उसमें ऐसी बुद्धि रखना है कि ईश्वर ने जो भी सुख और दुःख मुझे दिए हैं, वे मेरे भले के लिए दिए हैं। और मुझे ईश्वर के निकट ले जाने के लिए ही दिए हैं—

जब तक रहेगा जीवन फुर्सत न मिलेगी काम से,
कुछ पल ऐसे निकालो प्रेम कर लो श्रीराम से ॥

सनातन धर्म हमें सिखाता है कि साधन कोई भी हो, मनुष्य का धर्म है प्रयत्न करना और जन्म-मरण के इस संसार चक्र से मुक्त हो जाना। यही हमारा सनातन धर्म है। आइये, देखते हैं कि हमारे भारतीय ग्रंथ सनातन धर्म के बारे में क्या कहते हैं—

वेद ➔

वेदों के अनुसार ईश्वर द्वारा रची गई इस सृष्टि के कण-कण में ईश्वर का दर्शन करना और अपने आप को ईश्वर से अभिन्न समझना। यही हमारा सनातन धर्म है।

ईशावास्यमिदं सर्वं यत्किंच जगत्यां जगत् ॥
ईशावास्योपनिषद् ॥ १ ॥

जड-चेतन स्वरूप जो अखिल विश्व है, वह सर्वव्याप्त ईश्वर से परिपूर्ण है ॥

श्रीमद्वाल्मीकीय रामायण एवं श्रीरामचरितमानस →

सीय राममय सब जग जानी। करउँ प्रनाम जोरि जुग पानी ॥
—श्रीरामचरितमानस : बालकाण्ड ॥ दोहा ७ : पंक्ति २ ॥

श्रीरामचरितमानस कहता है कि समस्त संसार के सभी जड़-चेतन में श्री सीताराम का दर्शन करना चाहिए। यही हमारा सनातन धर्म है।

उपनिषद् →

गुरु, वेदांत वचनों के प्रति विश्वास, श्रद्धा रखते हुए परम सत्य, परम तत्त्व की खोज। स्वयं का सत्य स्वरूप पहचान कर, ईश्वर और मैं दो अलग सत्ताएँ नहीं हैं, इस परम सत्य को जानना और उसे जानकर उसी में स्थिति, यही है जीवन्मुक्ति। यही हमारा सनातन धर्म है।

ॐ असतो मा सद्गमय।
तमसो मा ज्योतिर्गमय। मृत्योर्माऽमृतं गमय ॥
ॐ मुझे असत्य से सत्य की ओर ले चलो।
मुझे अन्धकार से प्रकाश की ओर ले चलो।
मुझे मृत्यु से अमरता की ओर ले चलो ॥
बृहदारण्यकोपनिषद् ॥ १ : ३ : २८ ॥

पुराण →

संसार में रहते हुए, सांसारिक व्यवहार करते हुए, सांसारिक कर्तव्यों, धर्मों का पालन करते हुए भी परम सत्ता का कभी भी विस्मरण न हो। सदा स्मरण रहे। और जीवन इस प्रकार जिएँ कि इस लोक के साथ-साथ परलोक भी सुधरे। यही हमारा सनातन धर्म है।

श्रीमद्भगवद्गीता →

कर्मण्येवाधिकारस्ते मा फलेषु कदाचन।
तेरा अधिकार कर्म करने में ही है, उसके फलों में कभी नहीं ॥
—श्रीमद्भगवद्गीता : ॥ २ : ४७ ॥

श्रीमद्भगवद्गीता के अनुसार निष्काम कर्म करते हुए, अर्थात् कर्मफल की इच्छा न रखते हुए अपने कर्तव्यों का पालन करते रहने से मोक्ष की प्राप्ति हो जाती है। यही हमारा सनातन धर्म है।

शास्त्र →

वेदान्त शास्त्र के अनुसार ईश्वर और मैं दो भिन्न-भिन्न सत्ताएँ नहीं हैं। हम एक ही हैं। दो होने का आभास हमें संसार के साथ तादात्म्य, एकरूपता के कारण होता है। योग शास्त्र के अनुसार मन में उठने वाली वृत्तियों, विकारों को शांत करना ही मुक्ति है। यही हमारा सनातन धर्म है।

स्मृति-ग्रंथ / धर्म-ग्रंथ ➔

मनुस्मृति, याज्ञवल्क्य स्मृति आदि धर्म-ग्रंथों के अनुसार देश, काल, परिस्थिति के अनुसार अपने-अपने कर्तव्यों का पालन, अपने धर्म पर आचरण करते हुए जीवन को इस प्रकार जीना कि हम उस परमपिता परमेश्वर में लीन हो जाएँ। यही हमारा सनातन धर्म है।

अध्याय २

सनातन धर्म के प्रमुख ग्रंथ

सनातन धर्म के प्रमुख ग्रंथ

क्र.	ग्रंथ का नाम	ग्रंथों की संख्या	ग्रंथ
१	वेद	४ वेद	ऋग्वेद, यजुर्वेद, सामवेद, अथर्ववेद
२	उपनिषद्	२५० से अधिक हैं, परन्तु १०८ प्रचलित हैं	१० मुख्य उपनिषद् हैं—ईश, केन, कठ, प्रश्न, मुण्डक, माण्डूक्य, तैत्तिरीय, ऐतरेय, छान्दोग्य, बृहदारण्यक, (एवं ११वाँ श्वेताश्वतर)
३	पुराण	१८ पुराण	अग्नि, कूर्म, गरुड़, नारद, पद्म, ब्रह्म, ब्रह्माण्ड, ब्रह्मवैवर्त, भागवत, भविष्य, मत्स्य, मार्कण्डेय, लिंग, वामन, विष्णु, वायु, वराह व स्कन्द पुराण
४	शास्त्र	६ शास्त्र	न्याय, वैशेषिक, सांख्य, योग, पूर्वमीमांसा, उत्तरमीमांसा
५	इतिहास	अनेक, परन्तु मुख्य रूप से २	रामायण और महाभारत, इन्हें काव्य या महाकाव्य भी कहा जाता है।

सनातन धर्म बहुत ही विस्तृत, व्यापक एवं सम्पन्न धर्म है जिसमें अनेकों ग्रंथ, अनेकों देवी-देवता, अनेकों धार्मिक स्थल, अनेकों साधु-संत, अनेकों धार्मिक क्रियाएँ उपलब्ध हैं, जो हमारी अमूल्य निधि एवं धरोहर हैं। प्रत्येक

मनुष्य अपनी प्रकृति एवं रुचि के अनुसार इनमें किसी को भी चुनकर आध्यात्मिक मार्ग पर अग्रसर हो सकता है।

एकं सत् विप्राः बहुधा वदन्ति।

सत् तो एक ही है, लेकिन ज्ञानी उसे अनेक नामों से प्रदर्शित करते हैं। यहाँ सब कुछ अनेक दिखते हुए भी दरअसल एक ही है। यहाँ कोई भी विभ्रान्ति नहीं है क्योंकि भारतवासी भली प्रकार जानते हैं कि–

आकाशात् पतितं तोयं यथा गच्छति सागरम्।
सर्वदेवनमस्कारः केशवं प्रति गच्छति ॥

जिस प्रकार आकाश से गिरा जल विविध नदियों के माध्यम से अंततः सागर से जा मिलता है; उसी प्रकार सभी देवताओं को किया हुआ नमन एक ही परमेश्वर को प्राप्त होता है। सनातन धर्म में बहुत सारे ग्रंथ हैं, उनमें से प्रमुख हैं–४ वेद, १०८ उपनिषद्, १८ पुराण, ६ शास्त्र, रामायण, महाभारत और श्रीमद्भगवद्गीता आदि।

वेद ➔

अपौरुषेयं वाक्यं वेदः ॥
वेद अपौरुषेय ज्ञान हैं।

वेद 'अपौरुषेय' हैं, जिसका अर्थ है कि वेदमंत्र किसी मनुष्य द्वारा रचित नहीं हैं। वेद ईश्वरीय ज्ञान है। ध्यान की गहराई में ऋषियों को हुए साक्षात्कार हैं। इसलिए ऋषि वेदमन्त्रों के द्रष्टा कहे जाते हैं, रचयिता नहीं। प्राचीन काल में श्रुतियाँ होती थीं। गुरु-शिष्य परंपरा में यही अपौरुषेय ज्ञान गुरु से शिष्य ने सुना। उनको उनके शिष्य ने सुना। इसी ज्ञान को एकत्रित करके ऋषि श्रीवेदव्यास जी ने इसे ४ वेदों का रूप दे दिया। प्राचीन वेद था ऋग्वेद। उसके चार भाग हो गए। ये चार वेद हैं :

१. **ऋग्वेद :** छंद रूप में मंत्रों का संग्रह। इन मंत्रों को ऋक् कहा जाता है।

२. **यजुर्वेद :** गद्य रूप में मंत्रों का संग्रह।

३. सामवेद : संगीतबद्ध मंत्रों का संग्रह।

४. अथर्ववेद : ऋषि अथर्व और ऋषि अंगिरा के कारण मंत्रों का संग्रह।

इस विश्व की सबसे प्राचीन पुस्तक है—ऋग्वेद। मेरे प्यारे सनातन के बच्चों! और मेरे प्रिय पाठकों! यदि कोई तुमसे पूछे कि विश्व की सबसे प्राचीन पुस्तक कौन-सी है, तो उसका उत्तर है—ऋग्वेद। इसी प्रकार सबसे प्राचीन भाषा कौन-सी है, तो उसका उत्तर है—संस्कृत।

वेदों का सारतत्त्व ➔

वेदों से ही सबकुछ प्रकट हुआ।

पुराण ➔

महर्षि वेदव्यास ने अठारह पुराणों की रचना की है। इन पुराणों में अलग-अलग देवी-देवताओं को केन्द्र मानकर पाप और पुण्य, धर्म और अधर्म, कर्म और अकर्म की गाथाएँ कही गई हैं—

मद्वयं भद्वयं चैव ब्रत्रयं वचतुष्टयम्।
अनापलिंगकूस्कानि पुराणानि प्रचक्षते॥

मत्स्य, मार्कण्डेय, भागवत-महापुराण,
भविष्य, ब्रह्म, ब्रह्मवैवर्त, ब्रह्माण्ड, वामन, विष्णु,
वायु, वराह, अग्नि, नारद, पद्म, लिंग, गरुड, कूर्म, स्कन्द पुराण।

इन सभी पुराणों में से श्रीमद्भागवत महापुराण की अपने महत्त्व के कारण बड़ी महिमा है, जिसकी कथा मन की शुद्धि का साधन है, मोक्षदायक है। और जिसका श्रवण भारत ही नहीं अपितु संपूर्ण विश्व के कोने-कोने में विशाल जन समुदाय अनेकों कथावाचकों के मुखारविन्द से करता है।

पुराणों का सारतत्त्व ➔

जीवन इस प्रकार जिएँ कि इस लोक के साथ-साथ परलोक भी सुधरे। वेदों में कर्म मार्ग, उपनिषदों में ज्ञान मार्ग दिया गया है। जबकि पुराणों में भक्ति मार्ग की प्रमुखता है।

अष्टादश पुराणेषु व्यासस्य वचनं द्वयम्।
परोपकारः पुण्याय पापाय परपीडनम् ॥

महर्षि वेदव्यास जी ने अठारह पुराणों में दो विशिष्ट बातें कही हैं–

परोपकार करना पुण्य होता है और
दूसरों को दुःख देना पाप होता है।

उपनिषद्

उपनिषद् यानी वह ज्ञान, जो हम गुरु के पास, उनके चरणों में बैठकर सीखते हैं। और यह ज्ञान हमारे बंधनों को खोलकर, जन्म और मृत्यु के चक्र का विनाश कर मुक्ति की ओर ले जाता है। ईशावास्योपनिषद्, केनोपनिषद् या कठोपनिषद् आदि उपनिषद् ज्ञान कराते हैं कि हम और ईश्वर एक ही हैं–'ब्रह्मात्मैक्य'–'ब्रह्म-आत्म-ऐक्य'–'परमात्मा और आत्मा एक ही हैं'। कुछ उपनिषद् हैं जिन पर भगवान् श्री आदि शङ्कराचार्य व अन्य आचार्यों ने भाष्य लिखे हैं, वे प्रमुख उपनिषद् कहलाते हैं। वे हैं :

ईशकेनकठप्रश्न मुण्डमाण्डूक्यतैत्तिरी।
ऐतरेयं च छान्दोग्यं बृहदारण्यकं तथा ॥
ईश या ईशावास्य, केन, कठ, प्रश्न, मुण्डक,
माण्डूक्य, तैत्तिरीय, ऐतरेय, छान्दोग्य, बृहदारण्यक उपनिषद्।

इस श्लोक में १० उपनिषदों के नाम दिये गये हैं परन्तु श्वेताश्वतर उपनिषद् भी एक प्रमुख उपनिषद् है।

उपनिषदों का सारतत्त्व

ईश्वर और मैं एक ही हैं।

इतिहास और काव्य

रामायण और महाभारत, इन्हें काव्य या महाकाव्य भी कहा जाता है। रामायण आदिकाव्य कहलाता है और महर्षि वाल्मीकि आदिकवि। कुछ लोग

रामायण और महाभारत दोनों को इतिहास कहते हैं तो कुछ लोग केवल महाभारत को इतिहास कहते हैं।

रामायण एवं रामचरितमानस →

रामायण महर्षि वाल्मीकि द्वारा रचित है, जिसमें २४,००० श्लोक हैं, जो बालकाण्ड, अयोध्या काण्ड, अरण्यकाण्ड, किष्किंधाकाण्ड, सुंदरकाण्ड, युद्ध अथवा लङ्का काण्ड और उत्तरकाण्ड, इन सात काण्डों में विभाजित हैं। श्री वाल्मीकि जी की कठिन भाषा को सरलीकृत करने का श्रेय गोस्वामी श्री तुलसीदास जी को जाता है। उन्होंने भगवान् श्रीराम को जन-जन तक पहुँचाने के लिए व लोकप्रिय बनाने के लिए लोक भाषा में श्रीरामचरितमानस को लिखा। मर्यादा पुरुषोत्तम भगवान् श्रीराम के सुंदर चरित्र व सामाजिक समरसता के ग्रंथ का नाम है रामायण।

रामायण एवं रामचरितमानस का सारतत्त्व →

रामायण भगवान् श्रीराम जी का चरित्र है। रामायण मर्यादा सिखाने का एक पावन ग्रंथ है। कोई भी मनुष्य अपने जीवन में परस्त्री को माता के समान मानेगा तो वह भी भगवान् श्रीराम की तरह पूज्य हो सकता है।

महाभारत →

धर्म-अधर्म के युद्ध को महाभारत कहते हैं, जिसमें जीत धर्म की होती है। जिसे स्वयं के पुरुषार्थ पर भरोसा होता है वो डूब जाता है; और जिसे परमात्मा के पुरुषार्थ पर भरोसा होता है वह डूबते हुए भी तैर जाता है। यही महाभारत का सार है। अर्जुन ने भगवान् श्रीकृष्ण से भगवान् श्रीकृष्ण को माँगा, तो जीत गया, जबकि दुर्योधन ने भगवान् से भगवान् की वस्तुएँ, भगवान् की सेना को माँगा, तो वह हार गया। भगवान् द्वारा निर्मित वस्तुओं को जो माँगता है वह प्रायः हार जाता है; और जो भगवान् से भगवान् को माँगता है वह जीत जाता है। यही महाभारत है। मेरे प्यारे बच्चों! बैंक अगर अपने बाप का हो तो एटीएम का क्या करना!

महाभारत का सारतत्त्व

महाभारत में धर्म और अधर्म की लड़ाई है। हमें धर्म का साथ देना चाहिए, चाहे अधर्म कितना भी बड़ा क्यों न हो। कौरवों के पास अठारह अक्षौहिणी सेनाएँ थीं, फिर भी वे हार गए। उन के सामने धर्म के पाँच लोग जीत गये। यही अधर्म पर धर्म की विजय है। महाभारत हमें यही सिखाता है।

श्रीमद्भगवद्गीता

गीता सुगीता कर्तव्या किमन्यैः शास्त्रविस्तरैः।
या स्वयं पद्मनाभस्य मुखपद्माद्विनिःसृता ॥

श्रीमद्भगवद्गीता पढ़ने व अन्तःकरण में धारण करने
योग्य है। अन्य ढेरों शास्त्रों का क्या प्रयोजन है?
जो स्वयं पद्मनाभ श्रीविष्णु भगवान् के मुखारविन्द से
निकली है, और स्वयं श्री भगवान् ने जिसका माहात्म्य गाया है।

श्रीमद्भगवद्गीता सभी उपनिषदों का सार है, यह एक योगशास्त्र भी है। जिसका अर्थ है कि वह न केवल परम सत्य के बारे में बात करती है, बल्कि उसे प्राप्त करने के साधन भी देती है। गीता का मुख्य उपदेश है–'आसक्ति के बिना, लगातार कर्तव्य कर्म करो।' गीता हमें कर्मयोग, ज्ञानयोग और भक्तियोग सिखाती है कि कर्म कैसा हो, ज्ञान कैसा हो, भक्ति कैसी हो।

कर्मयोग : राजसिक स्वभाव वाले, अर्थात् कर्मप्रधान प्रकृति के लोगों को कर्मयोग सर्वोत्तम लगता है। मानव जाति की निःस्वार्थ सेवा उन्हें सर्वोच्च प्रसन्नता देती है।

भक्तियोग : जो लोग ईश्वर की भक्ति में अधिक प्रवृत्त होते हैं, उनके लिए भक्तियोग है।

ज्ञानयोग : दार्शनिक व तर्कसंगत लोगों के लिए ज्ञानयोग है।

श्रीमद्भगवद्गीता का सारतत्त्व ➔

संसार में जितने भी आध्यात्मिक ग्रंथ हैं उनमें सर्वश्रेष्ठ व सर्वोपरि है श्रीमद्भगवद्गीता। संसार के जितने भी मज़हब हैं, उनके आराध्य, उनके इष्ट ने कहा कि मैं भगवान् का बेटा हूँ। मैं भगवान् का संदेशवाहक हूँ लेकिन हमारे सनातन की श्रीमद्भगवद्गीता के अंतर्गत भगवान् श्रीकृष्ण ताल ठोक कर रणभूमि में कहते हैं कि—'मैं ही ब्रह्म हूँ।' 'अहं ब्रह्मास्मि।' यह है हमारा सनातन धर्म।

छः शास्त्र ➔

वेदों में बतलाये हुए ज्ञान पर मुनियों ने दर्शनशास्त्रों में चिन्तन-मनन किया है। ये दर्शनशास्त्र हैं—न्याय, वैशेषिक, सांख्य, योग, पूर्वमीमांसा एवं उत्तरमीमांसा।

छः शास्त्रों का सारतत्त्व ➔

शास्त्रों में दिए गए साधनों से मोक्ष का उपाय करें।

अध्याय ३

सनातन धर्म के उद्देश्य

सनातन धर्म के उद्देश्य

क. सनातन धर्म के उद्देश्य →

१. वसुधैव कुटुंबकम्,
२. विश्व में शांति,
३. करुणा बाँटना,
४. जीते जी मोक्ष पा लेना। यह केवल हमारे सनातन धर्म में ही संभव है,
५. पूरे विश्व को एक सूत्र में पिरोना,
६. अपनी संस्कृति, अपने संस्कारों पर गौरवान्वित होना,
७. अहिंसा,
८. प्रेम,
९. सबको सियाराममय देखना,
१०. हर्ष की प्राप्ति,
११. दया,
१२. सत्य का बोध,
१३. दान और
१४. क्षमा आदि।

ख. सनातन धर्म क्या सिखाता है? →

हमारा सनातन धर्म जड़-चेतन, प्रकृति, वृक्ष इन सबसे प्रेम करना सिखाता है, जो बहुत ही अनूठी बात है। दुनिया के अन्य पंथों में ये बात देखने को नहीं मिलती है।

वसुधैव कुटुंबकम्

हमारे सनातन धर्म का उद्देश्य है कि यह पूरे संसार को अपना परिवार मानता है। संसार के दूसरे देश, अन्य देशों को व्यापार की दृष्टि से देखते हैं। लेकिन हमारा भारत दुनिया के अन्य देशों को परिवार की दृष्टि से देखता है। इसलिये हमारे शास्त्रों में 'वसुधैव कुटुम्बकम्' की चर्चा है। इसके लिए भी पाठकों को गौरव होना चाहिए।

विश्व में शांति

पाठकों को गौरव होगा कि मंदिरों की घण्टी बजने व आरती करने के बाद, पुजारी जयघोष करते हैं :

धर्म की जय हो!
अधर्म का नाश हो!
प्राणियों में सद्भावना हो!
विश्व का कल्याण हो!

धर्मसम्राट स्वामी श्री करपात्री जी ने 'विश्व का कल्याण' आदि जयघोष करने की प्रेरणा दी है। केवल हम सनातनी ही ऐसे हैं जो विश्व का कल्याण चाहते हैं और विश्व में शांति चाहते हैं। इसकी प्रेरणा हमारे शास्त्र देते हैं।

सर्वे भवन्तु सुखिनः सर्वे सन्तु निरामयाः।
सर्वे भद्राणि पश्यन्तु मा कश्चित् दुःखमाप्नुयात् ॥
सब सुखी होवें, सब निरोग रहें। सब अच्छा देखने वाले
अर्थात् मंगलमय के साक्षी रहें, और कभी भी किसी
को भी दुःख का भागी न बनना पड़े ॥

हम अपने पाठकों से यही कहना चाहते हैं कि सनातन धर्म के उद्देश्य एकदम स्पष्ट हैं—विश्व में शांति हो! विश्व का कल्याण हो! सब का मंगल हो।

मोक्ष →

सम अवस्था में पहुँचना ही मोक्ष है—'न काहू से दोस्ती न काहू से बैर।' न दुःख आने पर अप्रसन्नता होना, न सुख आने पर हर्ष होना, यही मोक्ष है। यही बुद्धत्व है, समभाव है—

सुखदुःखे समे कृत्वा लाभालाभौ जयाजयौ।
श्रीमद्भगवद्गीता : ॥ २ : ३८ ॥

जय-पराजय, लाभ-हानि और सुख-दुःख को समान समझें।

प्रत्येक मनुष्य अपने जीवन से दुःखों का निवारण चाहता है। चाहे वह दैहिक दुःख हों, चाहे भौतिक हों, चाहे दैविक हों। कोई नहीं चाहता कि उसके जीवन में दुःख हो। मनुष्य सारे दुःखों का निवारण कर शांतिपूर्वक जीवन जीना चाहता है। इसी लक्ष्य को ध्यान में रख कर मनुष्य नाना प्रकार के प्रयास, अनेक प्रकार के पुरुषार्थ करता है। सुख दो प्रकार के होते हैं—१. अनित्य सुख और २. नित्य सुख। सांसारिक वस्तुओं से, भौतिक विषयों से मिलने वाला सुख अनित्य सुख कहलाता है, जो क्षण भंगुर होता है। भौतिक वस्तुएँ जब तक इंद्रियों को मिलती रहती हैं तब तक सुख का आभास होता रहता है। यह शीघ्र ही नष्ट हो जाता है। दूसरी ओर नित्य सुख वह है जो कभी कम नहीं होता, कभी ख़र्च नहीं होता और कभी नष्ट नहीं होता, जिसे मोक्ष रूपी संपत्ति कहा जाता है। यह केवल और केवल हमारे सनातन धर्म में ही संभव है। यही सनातन धर्म का उद्देश्य है। तो प्रमुख रूप से सनातन धर्म का उद्देश्य है—शांति और मोक्ष। सनातन धर्म को छोड़ कर अन्य मज़हबों में ऐसा कहीं नहीं देखा जाता है।

अहिंसा →

सनातन धर्म इतना पवित्र है, और इसके उद्देश्य इतने पवित्र हैं कि दूसरों के साथ-साथ 'स्व-हिंसा' भी इसमें वर्जित है।

दान →

दान से धन की शुद्धि होती है। प्रेम व सौहार्द बढ़ता है।

क्षमा

कितना भी बड़ा अपराध हो, हमारा सनातन धर्म हर हाल में क्षमा करना सिखाता है। इसीलिये हम चाहते हैं कि सनातन धर्म के इन उद्देश्यों को प्रत्येक पाठक समझे, अपनी बात अपने मित्रों से बोले, सहपाठियों से बोले। इसमें जीव हिंसा की बात नहीं की जाती। इसमें मारने-काटने की बात नहीं की जाती। इसलिए पाठकों से प्रार्थना है कि अपने सनातन धर्म को मानें! अपने सनातन धर्म पर गौरव करें!

जीवन शैली

सनातन धर्म के उद्देश्य में आहार पर बहुत ध्यान है।

आहारशुद्धौ सत्त्वशुद्धिः।

आहार की शुद्धि से हृदय की शुद्धि होती है।

आहार से व्यवहार की शुद्धि होती है। और सनातन धर्म के उद्देश्य में आहार भी है। अन्य मज़हबों में आहार पर बात नहीं की जाती है लेकिन हमारे सनातन धर्म में क्या खा सकते हैं, क्या नहीं खा सकते हैं, इसकी शुद्धि, पवित्रता, सात्विकता और स्वच्छता पर ध्यान दिया गया है। ध्यान देने योग्य बात है कि आपने सुना होगा कि एक्टर, क्रिकेटर, ग्लैमरवाले, बिजनेसमैन आदि ने आत्महत्या की लेकिन मुश्किल से कोई उदाहरण प्राप्त होगा कि किसी भक्त ने आत्महत्या की हो क्योंकि तनाव-मुक्त जीवन के लिए सनातन धर्म ही एक मात्र उपाय है। सनातन धर्म को मानने वाला व्यक्ति हमेशा तनाव-मुक्त होता है। क्योंकि हमारा सनातन धर्म सिखाता है–

होइहि सोइ जो राम रचि राखा। को करि तर्क बढ़ावै साखा ॥
–श्रीरामचरितमानस : बालकाण्ड ॥ दोहा ५१ : पंक्ति ७ ॥

यह चौपाई जीवन में इतना प्रोत्साहन देती है कि हमें कभी भी तनाव नहीं आ सकता है। हमारे शास्त्र इस बात के लिए प्रेरित करते हैं कि जीवन में शांति हो। ईश्वर को जानने का एक सरलतम उपाय, सरलतम मार्ग सनातन धर्म में ही है। मैं कौन हूँ? यह संसार किसने बनाया? संसार क्यों बना?

इन प्रश्नों के उत्तर सनातन धर्म में ही है। मोक्ष तत्त्व की प्राप्ति जीते-जी पाना केवल सनातन धर्म से ही संभव है। सनातन में सुख-दुःख, लाभ-हानि, जय-पराजय आदि से ऊपर उठकर जीते-जी मोक्ष की, जीवनमुक्ति की बात है। हमारा सनातन धर्म इतना अद्भुत है कि यह सम-अवस्था में ले जाता है। हमारा सनातन धर्म समस्त ब्रह्माण्ड से प्रेम करना सिखाता है–

१. जड से,
२. चेतन से,
३. प्रकृति से,
४. वृक्षों से,
५. पत्थरों से और
६. यहाँ तक कि शत्रु से भी प्रेम करना हमारा सनातन धर्म सिखता है।

यह संसार के किसी अन्य मज़हब में देखने को नहीं मिलता, जो बहुत ही अनूठी बात है।

अध्याय ४

अन्य पंथों से तुलना

अन्य पंथों से तुलना

सनातन धर्म	अन्य पंथ
सनातन धर्म एक धर्म है	अन्य पंथ धर्म नहीं पंथ हैं, मज़हब हैं, संप्रदाय हैं
सनातन धर्म की स्थापना किसी व्यक्ति ने नहीं की। सनातन धर्म सदा से था, सदा है और सदैव रहेगा	अन्य पंथ किसी व्यक्ति विशेष के द्वारा स्थापित एक विश्वास प्रणाली हैं। अनेक पंथ आये और चले गये, क्योंकि वे स्वार्थी उद्देश्यों की पूर्ति के लिए बनाए गये। तेल ख़त्म तो खेल ख़त्म!
सनातन धर्म के पूज्य ईश्वर हैं, व्यक्ति विशेष नहीं	अन्य पंथों के पूज्य ईश्वर नहीं, व्यक्ति विशेष हैं, जो ईश्वर के पुत्र अथवा ईश्वर के दूत हैं
सनातन धर्म अत्यंत विशाल, विस्तृत और अनन्त है जिसका पालन करने वाले को अपनी रुचि अनुसार मार्ग का चयन करने की पूर्ण स्वतंत्रता है	कुछ पंथ बड़े ही संकीर्ण हैं। उनमें विस्तार के लिए कोई स्थान नहीं है
सनातन धर्म के नियम प्रकृति के नियम हैं, जैसे गुरुत्वाकर्षण शक्ति, जो झुठलाये नहीं जा सकते, क्योंकि ये किसी व्यक्ति ने नहीं कहे हैं, ये सनातन सत्य हैं	अन्य पंथों के नियम उन पंथों के अनुयायी अपनी आवश्यकता अथवा स्वार्थ के अनुसार बदलते रहते हैं

सनातन धर्म में सभी का सम्मान करना सिखाया जाता है चाहे वह जड हो या चेतन। यहाँ तक कि चन्द्रमा, सूरज, ग्रह, नक्षत्र, नदी, पर्वत, हवा, पानी, पेड़-पौधों की भी पूजा की जाती है	कुछ अन्य पंथों में इस प्रकार का कोई प्रचलन नहीं है
सनातन धर्म में अहिंसा परम धर्म है। यहाँ हर प्रकार की हिंसा वर्जित है—'अहिंसा परमो धर्मः।'	कुछ अन्य पंथों में हिंसा को भी धर्म कहा जाता है
सनातन धर्म में सत्य एक है उस तक पहुँचने के उपाय अनेक हैं—अनेक देवी-देवता, अनेक ग्रन्थ, अनेक मार्ग, पूजा-पाठ, साधना की अनेक विधियाँ हैं	कुछ अन्य पंथों में केवल एक ही पूज्य, एक ही ग्रन्थ, एक ही मार्ग है। पूजा-पाठ, साधना की विधियाँ निश्चित संख्या में हैं
मनुष्य अपने-अपने गुण, स्वभाव, प्रकृति व रुचि के अनुसार इन में से किसी का भी चुनाव कर इस मार्ग पर आगे बढ़ कर मोक्ष प्राप्त कर सकता है	अन्य पंथों में मनुष्य को अपना मत या मनोभाव प्रकट करने की स्वतंत्रता नहीं है। वही करना है जो कहा गया है। अन्य पंथों, मज़हबों में मोक्ष की बात नहीं की जाती है
सनातन धर्म में विवाह एक संबंध है, अनुबन्ध नहीं	अन्य पंथों में विवाह केवल एक अनुबन्ध (Contract) है

पंथ या मज़हब किसी व्यक्ति विशेष द्वारा आरंभ किया जाता है। जैसे, इस्लाम पैगंबर मोहम्मद द्वारा शुरू किया गया था। ईसाई धर्म ईसा मसीह द्वारा और बौद्ध धर्म महात्मा बुद्ध से आरंभ हुआ। अन्य पंथों के पूज्य व्यक्ति विशेष हैं।

किसी-किसी पंथ का मानना है कि एक ही धर्म ग्रंथ है, बस उसी को पढ़ना चाहिए। अन्य कोई ग्रंथ पढ़ने योग्य नहीं है। एक ही देवता है उसी की पूजा

करनी चाहिए। अन्य कोई देवता पूजने योग्य नहीं है। सच्चाई यह है कि पंथ कोई भी हो, रास्ता कोई भी हो, साधन कोई भी हो—साध्य एक ही है; और वह है परम सत्य। जिसे कोई ईश्वर कहता है, कोई भगवान्, कोई परम सत्य कहता है तो कोई ऊर्जा। नाम कोई भी हो सत्य केवल सत्य होता है।

सनातन धर्म में अनेक देवी-देवता हैं। अनेक ग्रन्थ हैं। अनेक मार्ग हैं। पूजा-पाठ की, साधना की अनेक विधियाँ हैं। अनेकों देवी-देवता होने का अर्थ यह नहीं है कि ईश्वर अनेक हैं। इसके पीछे कारण यह है कि प्रकृति ने किसी भी दो मनुष्यों को एक जैसा नहीं बनाया है। दो मनुष्यों की क्या बात करें एक ही मनुष्य की दसों अंगुलियों की रेखाएँ भी अलग-अलग होती हैं। कितने आश्चर्य की बात है कि इस संसार में करोड़ों-अरबों लोग हैं और कोई भी दो अंगुलियों की रेखाएँ एक जैसी नहीं होती हैं! अनेक देवी-देवता, अनेक ग्रंथ, अनेक मार्ग होने के पीछे भी यही कारण है—'तुलसी इह संसार में भाँति-भाँति के लोग।' मनुष्य अपने-अपने गुण, स्वभाव व प्रकृति के अनुसार, अपनी रुचि के अनुरूप इनमें से किसी का भी चुनाव करें और इस मार्ग पर आगे बढ़ें। अनेक देवी-देवता होने का अर्थ है कि ईश्वर बहुआयामी है, उसके अनेक पहलू हैं। हम उनमें से किसी भी पहलू को चुन लें, अंततोगत्वा हम पहुँचेंगे उस ईश्वर तक ही।

अध्याय ५

सनातनी होने के पाँच लक्षण

सनातनी होने के पाँच लक्षण

हमारे सनातनी होने के अनेक लक्षण हैं। परंतु वर्तमान परिस्थितियों को देखते हुए आपके लिए मुख्य रूप से शास्त्रों के पाँच बहु-उपयोगी लक्षण बता रहे हैं–

१. मस्तक पर तिलक,

२. सिर पर शिखा,

३. गले में कण्ठी माला,

४. हाथ में कलावा, मौली धागा और

५. भारतीय परिधान–धोती ।

हमारे सनातनी होने के पाँच मुख्य लक्षण हैं–

१. मस्तक पर तिलक →

आज्ञा चक्र पर तिलक लगाने से याददाश्त बढ़ती है। आभामंडल तीक्ष्ण होता है। जिस प्रकार माताएँ विवाहित हैं अथवा अविवाहित, उनकी पहचान है माथे का सिंदूर, उसी प्रकार कोई वैष्णव भगवान् का भक्त है या नहीं उसकी पहचान है मस्तक का तिलक।

२. गले में कण्ठी माला ➔

जिस प्रकार विवाहित महिलाओं का धर्म मंगलसूत्र पहनना है, वैसे ही भगवान् के भक्त का धर्म कण्ठी माला पहनना है। जानवर दो प्रकार के होते हैं पालतू और फ़ालतू। पालतू जानवर के गले में पट्टा होता है। फ़ालतू जानवर का गला सूना होता है। जो परमात्मा का पालतू होता है, परमात्मा का भक्त होता है, उसके गले में कण्ठी माला होती है। अर्थात् वह परमात्मा का हो गया। जिसके नहीं होती है, समझ जाइए वह फ़ालतू है। इसलिये कण्ठी माला पहनना भी आवश्यक है। इससे यम के दूत डरते हैं।

३. सिर पर सहस्रार ➔

हमारे आचार्य कहते हैं कि सहस्रार चक्र को जागृत करने के लिए शिखा यानी चोटी रखी जाती है, जिससे शरीर पर मन का नियन्त्रण होता है। सहस्रार चक्र का आकार गाय के खुर के समान होता है। उतनी ही यदि शिखा रखी जाए तो हमारा सहस्त्रार खुलता है। साथ ही साथ अनेक रोगों से, विषाणुओं से बचते हैं। यह बहुत कोमल जगह होती है। शिखा ठोकर आदि से भी हमारे सिर की रक्षा करती है।

४. हाथ में कलावा ➔

कलावा हिन्दुओं की मौलिक पहचान है। प्रत्येक सनातनी कलावा पहनता है। कलावा धारण करने का मतलब है रक्षा। राजा बलि की बहन ने भगवान् के हाथ में धागा बाँधा था, उसे रक्षा माना गया है। जब आचार्य इसे मंत्रों द्वारा बाँधते हैं तो इससे सकारात्मकता बढ़ती है। और साथ ही साथ यह नकारात्मक ऊर्जा से हमारी रक्षा करता है। इसलिये कलावा पहनते हैं।

५. भारतीय परिधान–धोती

भारतीय परिधान–धोती हमारी मौलिक वेशभूषा है। हमारे पूर्वजों की प्राचीन परंपरा है। साथ ही साथ यह शास्त्र-आज्ञा है। शास्त्रों में इसका वर्णन है और वैदिक मान्यता अनुसार यह हमारी जठराग्नि को बाँधकर रखती है। पाचन तंत्र को नियंत्रित करती है। इसलिये धोती अनिवार्य है।

प्रिय पाठकों! सनातनियों के कुछ लक्षण हैं, जिन्हें हमारे पूर्वजों ने संजोकर रखा है। उसके लिए अपना सिर कटवा लिया लेकिन उन्हें नहीं छोड़ा। ओरछा के महाराज, मधुकर शाह जैसे सनातनियों ने द्वादश अंगों में तिलक लगाने के लिए महाराज अकबर के यहाँ युद्ध करने के लिए तलवार उठा ली थी। राजा अकबर ने कहा था कि अगर कोई तिलक लगाकर हमारी सभा में आएगा तो उससे युद्ध होगा, उसका सिर काट दिया जाएगा। मधुकर शाह ने तलवार हाथ में उठाकर कह दिया कि “मैं वैष्णव तिलक नहीं मिटाऊँगा, तलवार उठाकर युद्ध करने को तैयार हूँ।” अंततोगत्वा, अकबर को मानना पड़ा और समस्त राजाओं को तिलक लगाने का अधिकार प्राप्त हुआ।

इन पाँच लक्षणों को शास्त्र में अनिवार्य कहा गया है। जब भारत मुग़ल आक्रांताओं की गुलामी में था तो उस ज़माने में तो तिलक लगाने पर सिर काट दिया जाता था। आज के युग में तो युद्ध का भय नहीं, फिर भी कोई तिलक नहीं लगा रहा है। मुग़लों के ज़माने में कोई हिंदू वैष्णव यदि तिलक लगाता था या सनातन के अन्य चिह्नों को रखता था तो उसका सिर काट दिया जाता था। लेकिन आज वर्तमान में ऐसी स्थिति नहीं है। फिर भी हमारा दुर्भाग्य है कि हमने कलावा छोड़ दिया, तिलक छोड़ दिया। हमारे पूर्वजों ने इनको सँजोने के लिए अपने प्राणों की आहुतियाँ दीं और हम इनको अगर नहीं मानेंगे तो ऊपर बैठे हमारे पूर्वजों को कितना कष्ट हो रहा होगा! इसलिये, प्रिय पाठकों! प्रत्येक हिंदू को–

१. माथे पर तिलक लगाना चाहिए,

२. शिखा रखनी चाहिए,

३. गले में माला पहननी चाहिए,

४. हाथ में मौली धागा पहनना चाहिए और

५. भारतीय परिधान धोती पहननी चाहिए।

किसी को टोपी पहनने में शर्म नहीं आती। किसी को क्रॉस लटकाने में कोई शर्म नहीं आती है। तो हम हिंदुओं को किस बात की शर्म है? अपितु गौरव के साथ इन पाँच लक्षणों को धारण करना चाहिए। यह किसी को नीचा दिखाने वाली बात नहीं है, अपितु आपको अपना गौरव याद करवाने वाली बात है। ऐसे हम अपने सनातन की संस्कृति को सहेज कर और उसे अगली पीढ़ियों तक पहुँचाने में योगदान देते हैं और बच्चों में भी संस्कृति के प्रति प्रेम जाग्रत करते हैं।

अध्याय ६

सनातन संस्कृति से जुड़े कुछ वैज्ञानिक तर्क

सनातन संस्कृति से जुड़े कुछ वैज्ञानिक तर्क

१. माथे पर कुमकुम-तिलक,
२. माला,
३. शिखा,
४. कलावा,
५. भारतीय परिधान—धोती,
६. तुलसी के पौधे की पूजा,
७. उपवास / व्रत रखना,
८. हाथ जोड़कर नमस्कार करना,
९. सूर्य को अर्घ्य और
१०. पीपल की पूजा आदि।

हमारा राष्ट्र नदी, तालाब, वृक्ष, जड-चेतन सबकी पूजा करता है। यही हमारा सनातन धर्म है। सनातन संस्कृति से जुड़े कई ऐसे तथ्य व क्रियाएँ हैं, जो दिखने में तो परम्परा या क्रिया मात्र लगतीं हैं, परन्तु उनके पीछे बहुत ही गहन चिंतन और वैज्ञानिक तर्क हैं।

माथे पर कुमकुम तिलक ➔

भारतीय लोग माथे पर कुमकुम या तिलक लगाते हैं। मस्तक प्रदेश के सामने से सुषुम्ना नाड़ी जाती है, यह मुख्य नाड़ी कहलाती है, जो मोक्ष दिलाती है। इस पर तिलक लगाना ऊर्ध्व गति का संकेत-चिह्न है। जिस प्रकार माताएँ, बहनें विवाहित हैं अथवा अविवाहित, उनकी पहचान है माथे का सिंदूर। उसी प्रकार कोई भक्त वैष्णव है या नहीं, भगवान् का है या नहीं, उसकी पहचान है मस्तक का तिलक।

वैज्ञानिक तर्क →

तिलक आज्ञा चक्र पर लगाने से याददाश्त बढ़ती है। आभामंडल तेज होता है। आँखों के मध्य से माथे तक एक नस जाती है। कुमकुम या तिलक लगाने से उस जगह की ऊर्जा बनी रहती है। और तिलक लगाते समय अँगूठे या अंगुली के दबाव से रक्त संचार बढ़ता है, चेहरे की त्वचा की रक्त संचार वाली माँस-पेशियाँ सक्रिय हो जाती हैं। भ्रूमध्य स्थान में अंदर की ओर पीयूष ग्रन्थि (Pitutory gland) होती है जो सभी ग्रन्थियों की नियंत्रक ग्रन्थि होती है। इसी स्थान पर खोपड़ी के अंदर पीनियल ग्रन्थि (Pineal gland) होती है, जिसका स्राव मनुष्य को समाधि की अवस्था तक ले जाता है। मस्तक का तिलक मस्तिष्क के उस भाग को सक्रिय (Activate) करता है जो सहज-ज्ञान (Intuition), अंतःप्रज्ञा का केन्द्र है।

माला →

जिस प्रकार मंगलसूत्र पहनना विवाहित महिलाओं का धर्म है, वैसे ही माला पहनना भगवान् के भक्त का धर्म है।

वैज्ञानिक तर्क →

माला के स्पर्श से रक्त-संचार सुधरता है। यह हमें ईश्वर के साथ एकता की परम अनुभूति देती है। तुलसी के अंदर जो तत्त्व होते हैं उनमें हमारे रक्त को शुद्ध व रक्त वाहिनियों को स्वच्छ करने वाले घटक होते हैं। रक्त

घना होने के कारण, रक्त वाहिनियों में चर्बी जमा होती है, जिससे दिल का दौरा (Heart attack) व उच्च रक्तदाब (High blood pressure) आदि होने की आशंका बढ़ती है। तुलसी के स्पर्श से रक्त पतला रहता है और रक्त वाहिनियों में रुकावट—ब्लॉकेज (Blockages) नहीं हो पाते। श्वास के साथ भी तुलसी को स्पर्श की हुई वायु अंदर जाती है जो मस्तिष्क को तुलसी के गुण पहुँचाती है।

शिखा →

हिंदू धर्म में सिर पर शिखा रखने की परंपरा है। हमारे आचार्य कहते हैं कि सहस्रार चक्र को जागृत करने के लिए शिखा, चोटी रखी जाती है जिससे मन का शरीर पर नियन्त्रण होता है। सहस्रार चक्र का जो आकार होता है वह गाय के खुर के समान होता है। उतनी ही अगर शिखा रखी जाए तो हमारा सहस्रार खुलता है।

वैज्ञानिक तर्क →

शिखा रखने से सोचने की क्षमता बढ़ती है। क्रोध नहीं आता है, मन स्थिर रहता है। शिखा का स्थान ब्रह्मरंध्र का स्थान है। योगीजन इसी स्थान से प्राण त्यागना चाहते हैं। यह बहुत कोमल जगह होती है। शिखा रखने से हम ठोकर से बचते हैं। यह हमारे सिर की रक्षा करती है। इसलिए चोटी रखी जाती है।

कलावा →

कलावा हिन्दुओं की मौलिक पहचान है। सभी सनातनी कलावा पहनते हैं। कलावा धारण करने का मतलब रक्षा है। इसे रक्षा माना जाता है। इसलिये कलावा पहनते हैं।

वैज्ञानिक तर्क →

हाथ में जिस स्थान पर कलावा पहनते हैं वहाँ से होकर अनेक नाड़ियाँ गुज़रती हैं। धागे के स्पर्श से रक्त-संचार सुधरता है। अनेक रोगों की रोकथाम होती है।

भारतीय परिधान–धोती ➔

भारतीय परिधान–धोती हमारी प्राचीन पारंपरिक वेशभूषा है। यह शास्त्र की आज्ञा है। वैदिक मान्यता के अनुसार यह जठराग्नि को बाँधकर, पाचन तंत्र को नियंत्रित रखती है।

वैज्ञानिक तर्क ➔

धोती सबसे प्राकृतिक परिधान है, जो सात्विक और चैतन्यमय होता है। अपने पारंपरिक परिधान को देखकर एक अनोखी सकारात्मक ऊर्जा का संचार होता है। अपनी जड़ों से जुड़े रहने का भाव मन में पैदा होता है।

तुलसी के पौधे की पूजा ➔

तुलसी की पूजा करने से घर में समृद्धि आती है, सुख शांति बनी रहती है।

वैज्ञानिक तर्क →

तुलसी के अंदर जो तत्त्व होते हैं उसमें हमारे स्वास्थ्य के लिए अत्यन्त उपयोगी घटक होते हैं। तुलसी रोग प्रतिरोधक तंत्र, प्रतिरक्षा तंत्र (Immune system) को मज़बूत करती है। यदि घर में तुलसी का पौधा होगा तो पत्तियों का भी प्रयोग होगा जिससे बीमारियाँ दूर होती हैं।

उपवास / व्रत रखना →

व्रत, आहार और व्यवहार दोनों की शुद्धि देता है। व्रत कई प्रकार के होते हैं—आहार का व्रत, विचारों का व्रत, इंद्रियों का भी व्रत होता है। आहार, विचार और इंद्रियाँ; विकार इन्हीं तीनों से होते हैं। विकार से बचने के लिए और आहार शुद्धि के लिए व्रत आवश्यक है। इसीलिए कोई भी पूजा-पाठ या त्यौहार होता है तो लोग व्रत रखते हैं।

वैज्ञानिक तर्क →

व्रत रखने से पाचन-क्रिया अच्छी होती है। और फलाहार लेने से शरीर का विषहरण (Detoxification) होता है। अर्थात् विषाक्त तत्त्व बाहर निकलते हैं। अभी हाल ही की नोबेल विजेता शोध बताती है कि व्रत से कैंसर का ख़तरा कम होता है। हृदय-रोग, मधुमेह आदि भी जल्दी नहीं लगते। हमारा अधिकतर ध्यान और समय, संसार व सांसारिक वस्तुओं पर रहता है। व्रत, उपवास हमें अंतर्मुखी बनाकर हमारा ध्यान ईश्वर की ओर लगाते हैं।

हाथ जोड़कर नमस्कार करना →

आपके अंदर जो ईश्वर तत्त्व है, उसे, मेरे अंदर मौजूद ईश्वर तत्त्व का प्रणाम।

वैज्ञानिक तर्क →

जब सभी अंगुलियों के शीर्ष एक दूसरे के संपर्क में आते हैं तो उन पर दबाव पड़ता है। उसका सीधा प्रभाव हमारी आँखों, कानों, दिमाग आदि

पर होता है। दोनों हाथों को जोड़कर नमस्कार करने से दोनों हाथों की हथेलियाँ व अंगुलियाँ जुड़ जाती हैं, इससे हमारे शरीर की प्राणशक्ति अंदर ही घूमती है। प्राणशक्ति का ह्रास नहीं होता। दूसरा तर्क यह है कि पश्चिम सभ्यता के अनुसार हाथ मिलाने पर सामने वाले के हाथ के कीटाणु आप तक पहुँच जाते हैं।

सूर्य को अर्घ्य ➔

हिंदू मान्यता में सुबह उठकर सूर्य को जल चढ़ाते हुए नमस्कार करने की परंपरा है।

वैज्ञानिक तर्क ➔

पानी के बीच से आने वाली सूर्य की किरणें जब आँखों में पहुँचतीं हैं, तो हमारी आँखों की रोशनी अच्छी होती है। यह प्रकृति की हर वस्तु में ईश्वर दर्शन करते हुए उस परम पिता परमात्मा से जुड़ने की प्रक्रिया भी है।

पीपल की पूजा ➔

अधिकतर लोग सोचते हैं कि पीपल की पूजा करने से भूत-प्रेत दूर भागते हैं। पीपल की पूजा इसलिये की जाती है, ताकि लोगों का इस पेड़ के प्रति श्रद्धा बढ़े और उसे लोग काटें नहीं।

वैज्ञानिक तर्क ➔

पीपल एकमात्र ऐसा पेड़ है जो! रात में भी ऑक्सीजन प्रवाहित करता रहता है। पीपल नकारात्मक ऊर्जाओं (Negative energies) को खींच लेता है।

अध्याय ७

सनातन धर्म के मूल मंत्र

सत्य

अहिंसा

त्याग

परोपकार

सनातन धर्म के मूल मंत्र

सनातन के मूल मंत्र चार,
सत्य, अहिंसा, त्याग, परोपकार ॥

प्रिय पाठकों! वैसे तो सनातन बहुत व्यापक है, लेकिन प्रमुख रूप से इसके मूल मंत्र देखें तो ये चार हैं–

१. सत्य,

२. अहिंसा,

३. त्याग और

४. परोपकार

१. सत्य ➔

सनातन धर्म सत्य बोलना सिखाता है। क्योंकि–

सांच बराबर तप नहीं, झूठ बराबर पाप;
जाके हृदय सांच है, प्रभु! ताके हृदय आप ॥

–कबीरदास

जिसके अंदर सत्य होता है, जो सत्य बोलता है, उसके अंदर परमात्मा का वास होता है। उसकी जिह्वा पर माँ सरस्वती का वास होता है। वह कभी भी असफल नहीं होता है।

२. अहिंसा

जो जीवों के प्रति दया करता है, हिंसा के प्रति घृणा रखता है, अहिंसा का पालन करता है, वह व्यक्ति संसार में महान् माना जाता है। वह देवताओं को बहुत प्रिय होता है। उसके ऊपर बहुत दैवीय कृपा होती है।

३. त्याग

सनातन धर्म के मूल मंत्रों में एक त्याग है। त्याग की बड़ी महिमा है। भारत त्यागियों का देश है। इस देश में जिसने भी त्याग किया—चाहे वह साधन का त्याग हो, चाहे वह घर का त्याग हो, चाहे वह आहार का त्याग हो; जिसने भी त्याग किया उसने उच्चता पाई है। कुछ पाने के लिए कुछ त्यागना ही पड़ता है। यह बात त्याग से ही सिद्ध होती है। जैसे पढ़ने के लिए घर को व खेल को त्यागना पड़ता है; लक्ष्य को प्राप्त करने के लिए जिस प्रकार मोबाइल को त्यागना पड़ता है; नौकरी के लिए व लक्ष्य के लिए, आइ.ए.एस., आइ.पी.एस. बनने के लिए हमें अपने समय को, अपने खेल-कूद को, मनोरंजन को त्यागना पड़ता है। लेकिन इस त्याग से जो उपलब्धि प्राप्त होती है कि दुनिया तुम्हें प्रणाम करती है। यह त्याग की महिमा है।

४. परोपकार →

परोपकार सनातन का मूल मंत्र है। परोपकार का मतलब है, आसपास के लोगों को सबल बनाओ, स्वयं भी सबल बनो व राष्ट्र को भी सबल बनाओ। और जीवन का उद्देश्य भी यही होना चाहिए कि आप किसी मानव के काम आएँ। जो केवल अपने काम आए वह है—दानव। लेकिन जो अपने साथ साथ दूसरों के भी काम आए वह कहलाता है—मानव।

मानव सेवा ही माधव सेवा है।
माया के नहीं माधव के पुजारी बनो ॥

अध्याय ८

भारत भूमि और सनातन धर्म

भारत भूमि और सनातन धर्म

हमारे भारत का कण-कण ही शङ्कर है। एक दृष्टि डालते हैं भारत के प्रमुख धाम-तीर्थ, सप्तपुरी, द्वादश ज्योतिर्लिङ्ग, बावन शक्तिपीठ आदि स्थानों पर—

क्रमांक	स्थान	संख्या	स्थानों के नाम
१	धाम	४	बद्रीनाथ धाम, द्वारिका धाम, जगन्नाथ-पुरी धाम, रामेश्वरम् धाम
२	ज्योतिर्लिङ्ग	१२	सोमनाथ, मल्लिकार्जुन, महाकालेश्वर, ओंकारेश्वर, केदारेश्वर, भीमाशङ्कर, विश्वेश्वर (विश्वनाथ), त्र्यंबकेश्वर, वैद्यनाथ, नागेश्वर, रामेश्वर और घृष्णेश्वर
३	शक्तिपीठ	५२	हिंगलाज, कश्मीर, जालंधर, वैद्यनाथ, नेपाल आदि
४	सप्तपुरी	७	अयोध्या, मथुरा, माया (हरिद्वार), काशी, कांची, अवंतिका (उज्जैन), द्वारिका
५	तीर्थ	अनेक हैं	वृन्दावन, प्रयाग, तिरुपति, शबरीमलाई, पुष्कर, गङ्गासागर, बागेश्वरधाम आदि

पूरी पृथ्वी पर भारत ही एकमात्र ऐसा भूभाग है जहाँ पर्वतों की, वृक्षों की पूजा होती है। यहाँ नदियों को भी माँ कहते हैं। गाय को भी माँ कहते हैं।

भारत को 'माता' क्यों कहा जाता है?

संसार के किसी भी देश को माता नाम से संबोधित नहीं किया जाता है। हमारा सनातन धर्म इतना पवित्र है कि यहाँ राष्ट्र को भी 'माता' नाम से संबोधित करते हैं। हमारे भारत में–

–गौ माता है,
–गङ्गा माता है,
–गीता माता है,
–गायत्री माता है,
–गौरी माता है और
–हमारा राष्ट्र, भारतभूमि भी 'भारतमाता' है।

मज़ेदार बात—

क्या आपने कभी चीन माता सुना?

क्या आपने कभी बांग्लादेश माता सुना?

नहीं ना! बस यही हमारा सनातन धर्म है। चूँकि हमारे यहाँ भावना प्रबल है, इसलिए भारत विश्वगुरु है। हमारा भारत ऋषियों की, साधु-संतों की भूमि है। बड़े-बड़े महापुरुष इस भूमि पर हुए हैं जिन्होंने परम चेतना के सत्य के ज्ञान को जानकर भारत को अपना आत्मा मानकर भारत को विश्वगुरु बनाया है।

तत्कर्म यन्न बंधाय, सा विद्या या विमुक्तये।
अर्थात्, कर्म वही है जो बंधनों में न डाले, और
विद्या वही है, जो मुक्ति का मार्ग दिखाए।

हमारे सनातन में विद्या, ज्ञान और ध्यान की परंपरा है जो हमेशा हम सबको समृद्ध करती है। इसका उद्देश्य चार पुरुषार्थों-धर्म, अर्थ, काम और मोक्ष के साथ जीवन जीना है। धर्म का अर्थ है जीवन जीने का सही व नीतिपूर्वक तरीका। अर्थ जीवन में आवश्यकताओं को पूरा करने के लिए है। कुछ लोग जीने के लिए खाते हैं, तो कुछ लोग खाने के लिए जीते हैं। काम संसार का सुख है और मोक्ष—संसार और सांसारिक बंधनों से मुक्ति। इन पुरुषार्थों को पूरा करने के लिए मानव जीवन को चार चरणों, चार भागों में बाँटा गया है, जिन्हें आश्रम कहा जाता है—ब्रह्मचर्य, गृहस्थ, वानप्रस्थ व संन्यास आश्रम। परंतु इसमें 'श्रेष्ठ क्या है?' यह हमारा सनातन धर्म सिखाता है। जब सारा विश्व अज्ञान रूपी अंधकार में भटकता था, विश्व में अन्य स्थानों पर लोग भूखे-नंगे घूमते थे तब हमारे भारत में वस्त्रों के ऊपर वेद मंत्र होते थे। जब सारा संसार मानवता की तलाश कर रहा था तब हमारे यहाँ अध्यात्म में मानवता, धर्म, पुरुषार्थ, परोपकार की चर्चाएँ व इनके वर्णन मिलते हैं। वैज्ञानिकों ने आज पृथ्वी से सूर्य की दूरी खोज ली है। परंतु आज से ५०० वर्ष पूर्व गोस्वामी तुलसीदास जी (हनुमान् चालीसा

में) लिख गए *'जुग सहस्र जोजन पर भानु',*[1] जिसका अर्थ है कि पृथ्वी से सूर्य की दूरी लगभग १५ करोड़, ३६ लाख कि.मी. है। हमारा सनातन धर्म इतना व्यापक और अद्भुत है। परमात्मा ही संतों की चेतना के रूप में, संतों के रूप में पृथ्वी पर विचरण करते हैं।

तपोभूमि भारत के कुछ महत्वपूर्ण स्थान

४ धाम →

१. बद्रीनाथ धाम—उत्तर दिशा में, उत्तराखंड में;
२. द्वारिका धाम—पश्चिम दिशा में, गुजरात में;
३. जगन्नाथपुरी धाम—पूर्व दिशा में, उड़ीसा में और
४. रामेश्वरम् धाम—दक्षिण दिशा में, तमिलनाडु में।

१२ ज्योतिर्लिङ्ग →

जिन मंदिरों में भगवान् शङ्कर ज्योति रूप से शिवलिङ्ग में विराजमान हैं, उनको ज्योतिर्लिङ्ग कहा जाता है। ऐसे बारह ज्योतिर्लिङ्ग हैं—सोमनाथ, मल्लिकार्जुन, महाकालेश्वर, ओंकारेश्वर, केदारेश्वर, भीमाशङ्कर, विश्वेश्वर (विश्वनाथ), त्र्यंबकेश्वर, वैद्यनाथ, नागेश्वर, रामेश्वर और घृष्णेश्वर।

५२ शक्तिपीठ →

शिव पुराण के अनुसर देवी सती ने तपस्या करके श्री शिव जी को वर रूप में प्राप्त किया था। किसी समय सती के पिता प्रजापति दक्ष ने एक यज्ञ का आयोजन किया और श्री शिव जी को निमंत्रण नहीं दिया। फिर भी सती अपने पिता के यज्ञ में गई वहाँ प्रजापति दक्ष ने भगवान् शिव की निंदा की, अपमान किया। इस पर सती बोलीं, "मैंने

---

१. जुग = १ युग = पृथ्वी के १२,००० वर्ष, सहस्र = १,०००,
योजन = ८ मील = १ मील में १.६ कि.मी. होते हैं।
८ x १.६ = १२.८ कि.मी., भानु = सूर्य
१२००० x १००० x ८ x १.६ = १५,३६,००,०००

इस शरीर के द्वारा अपने पति श्री शिव की निंदा सुनी है, इसलिए मैं इस शरीर को त्याग दूँगी।" और शांत भाव से अपने पति भगवान् श्री शिव का स्मरण करके, विधि पूर्वक जल से आचमन कर, पवित्र भाव से उन्होंने दोनों आँखें मूँद लीं; और प्राणायाम के द्वारा योग मार्ग से शरीर त्याग दिया। जब भगवान् शिव जी को पता चला तो उनके शोक और क्रोध का कोई ठिकाना नहीं रहा। तब भगवान् श्री विष्णुजी ने भगवान् शिव को शोकमुक्त और शांत करने के लिए अपने सुदर्शन चक्र से श्री सतीजी के पार्थिक शरीर को ५२ हिस्सों में विभाजित कर दिया। ये हिस्से अलग-अलग स्थानों पर जहाँ-जहाँ गिरे उन स्थानों पर माँ सती की पूजा शक्तिपीठ के तौर पर होने लगी। ये शक्तिपीठ हैं–हिंगलाज, कश्मीर, जालंधर, वैद्यनाथ, नेपाल आदि।

सप्तपुरी ➔

अयोध्या, मथुरा, माया (हरिद्वार), काशी, कांची, अवंतिका (उज्जैन), द्वारिका।

तीर्थस्थान ➔

वृन्दावन, प्रयाग, तिरुपति, शबरीमलाई, त्र्यंबकेश्वर, पुष्कर, गङ्गासागर, बागेश्वर आदि। कहा जाता है कि–

सब तीरथ बार-बार, गङ्गासागर एक बार।

संस्कार, संस्कृति, साहित्य व कलाओं से परिपूर्ण हमारा राष्ट्र–भारत ➔

हमें अपने भारतीय होने पर अत्यंत गर्व होना चाहिए कि हमारा राष्ट्र संस्कार, संस्कृति, साहित्य व कलाओं आदि से इतना परिपूर्ण है जितना संसार का अन्य कोई भी देश नहीं है–

साहित्यसंगीतकलाविहीनः साक्षात्पशुः पुच्छविषाणहीनः।
तृणं न खादन्नपि जीवमानस्तद्भागधेयं परमं पशूनाम् ॥ १६ ॥
भर्तृहरि के नीतिशतक : ॥ १६ ॥

जिस मनुष्य को साहित्य, संगीत और कला की कोई समझ नहीं है, वह सींग और पूँछ न होने पर भी पशु के समान है। वह बिलकुल मवेशियों जैसा जीवन जीता है, भले ही वह घास न खाता हो; जो जानवरों के लिए सौभाग्य की बात है।

संस्कार →

हमारे सनातन धर्म में सोलह संस्कारों का विवरण है, जो कहीं अन्य देखने को नहीं मिलता। यह हमारी एक अनूठी संपदा है। मनुष्य के जीवन में गर्भ में आने के पहले से लेकर मृत्यु के बाद तक के ये सोलह संस्कार मनुष्य के सर्वाङ्गीण विकास के लिए हैं–

१. गर्भाधान संस्कार–गृहस्थ जीवन में प्रवेश के उपरान्त, उत्तम संतति की इच्छा से, अपने तन और मन की पवित्रता के लिये यह संस्कार है।

२. पुंसवन संस्कार–गर्भस्थ शिशु के मानसिक विकास के लिए।

३. सीमन्तोन्नयन संस्कार–गर्भस्थ शिशु एवं उसकी माता की रक्षा हेतु।

४. जातकर्म संस्कार–नवजात शिशु को वैदिक मंत्रों के उच्चारण के साथ मधु (शहद) एवं घी चटाया जाता है। इसके बाद माता बालक को स्तनपान कराती है।

५. नामकरण संस्कार–सनातन धर्म में नामकरण संस्कार एक महत्वपूर्ण संस्कार है।

६. निष्क्रमण संस्कार–जन्म के बाद पहली बार घर से बाहर निकलना।

७. अन्नप्राशन संस्कार–जन्म के बाद से छठवे महीने तक शिशु अपनी माता के दूध से ही पोषण पाता है। छठवे महीने से उसे अन्य पदार्थ देना प्रारंभ करते हैं।

८. चूड़ाकर्म संस्कार–मुंडन संस्कार।

९. विद्यारम्भ संस्कार–गुरुकुल जाने के पहले माता-पिता अपने बच्चे को घर पर ही अक्षर ज्ञान कराते हैं।

१०. कर्णभेद संस्कार–कान में छेद करना।

११. यज्ञोपवीत संस्कार—उपनयन संस्कार, इस संस्कार का उद्देश्य बच्चों को धर्म और अध्यात्म का ज्ञान देना है। प्राचीन काल में जब गुरुकुल की परम्परा थी उस समय लगभग आठ वर्ष की उम्र में यज्ञोपवीत संस्कार करके बालक को गुरुकुल भेज दिया जाता था।

१२. वेदारम्भ संस्कार—योग्य गुरु की छत्रछाया में रहकर वेद-शास्त्रों आदि का ज्ञान प्राप्त करना।

१३. केशांत संस्कार—गुरुकुल से विदाई लेने तथा गृहस्थाश्रम में प्रवेश करने का उपक्रम।

१४. समावर्तन संस्कार—आचार्य द्वारा शिष्य को विद्या स्नातक की उपाधि देना।

१५. विवाह संस्कार—हमारे शास्त्रों में यज्ञोपवीत से लेकर समावर्तन संस्कार तक ब्रह्मचर्य व्रत के पालन का विधान है। वेदाध्ययन के बाद गृहस्थ धर्म में प्रवेश कराया जाता है।

१६. अंत्येष्टि (अंतिम) संस्कार—मृत्यु के बाद दाह संस्कार किया जाता है।

संस्कृति →

संसार की सबसे धनी संस्कृति है हमारे राष्ट्र भारत की। संसार की सबसे प्राचीन भाषा संस्कृत हमारी धरोहर है। पूर्वजों, माता-पिता, गुरुजनों की आज्ञा का पालन करना हमारी संस्कृति है। घर की परम्परा, परिवार, ग्राम, समाज, क्षेत्र व राष्ट्र की परम्पराओं का पालन करना हमारी संस्कृति है। इन सभी में राष्ट्र सर्वोपरि है। भारत की सांस्कृतिक विरासत अनन्त है जिसमें वेदों से लेकर गीत-संगीत, नृत्य, नाटक, लोक परंपराओं, कला-प्रदर्शन, धार्मिक-संस्कारों एवं अनुष्ठानों, चित्रकारी एवं लेखन आदि के क्षेत्रों का एक बहुत बड़ा संग्रह है।

साहित्य →

संसार के सबसे प्राचीन ग्रंथ—वेद हमारी भारत भूमि के हैं, जो संसार के सबसे अनमोल ग्रंथ हैं। जो स्वयं ईश्वर की देन हैं। आदिकवि श्री वाल्मीकि की रामायण और विशाल-बुद्धि भगवान् श्री वेदव्यास के महाभारत जैसे इतिहास संसार में अन्यत्र नहीं हैं। कवि कुलगुरु श्री कालिदास केवल भारतवर्ष के लिए ही नहीं बल्कि पूरे संसार के साहित्य के एक अनमोल रत्न हैं। हमारा साहित्य इतना विस्तृत और विशाल है कि उसकी थाह पाना बड़ा कठिन है। यहाँ कुछ नाम दिये जा रहे हैं—

प्राचीन भारतीय साहित्यकार →

महर्षि श्री वाल्मीकि आदिकवि कहलाते हैं। श्री वेदव्यास, श्री पाणिनि, श्री चाणक्य, श्री कौटिल्य, श्री भर्तृहरि, श्री पतंजलि, श्री भरतमुनि, श्री आदि शङ्कराचार्य, श्री कालिदास, श्री बाणभट्ट, श्री माघ, श्री भास आदि हमारे प्राचीन भारतीय साहित्यकार हैं।

आधुनिक भारतीय साहित्यकार

गोस्वामी तुलसीदास, सूरदास, कबीर, रसखान, मुंशी प्रेमचंद, महादेवी वर्मा, रामधारी सिंह 'दिनकर', सूर्यकांत त्रिपाठी 'निराला', हरिवंशराय 'बच्चन', हरिशङ्कर परसाई, सुमित्रानंदन पंत आदि हमारे आधुनिक भारतीय साहित्यकार हैं।

कलाएं

हमारे राष्ट्र भारत में अनेकों कलाएँ हैं। जिनमें से चौंसठ कलाएँ मुख्य मानी जाती हैं। इतना दिव्य-भव्य और संपन्न कोई देश नहीं जितना हमारा भारत। साहित्य, संगीत, वास्तुकला, बढ़ई की कारीगरी, मूर्तिकला, कपड़े-गहने बनाना, हार-माला बनाना, केश बनाना, तरह-तरह के खाने-पीने के भोज्य-पेय बनाना आदि हमारी कलाएँ हैं।

संगीत कला

गीतं वाद्यं तथा नृत्तं त्रयं संगीतमुच्यते ॥ १३ ॥
श्री शार्ङ्गदेव का संगीतरत्नाकर : ॥ १ : १३ ॥

गीत, स्वर संगीत, वाद्य संगीत और नृत्य ये सभी संगीत है।

जहाँ राग दीपक सुनकर दिये जल उठते हैं ऐसी संगीत की महान् विभूति तानसेन का देश है यह भारत भूमि।

अध्याय ६

सनातन धर्म की प्रमुख विशेषताएँ

सनातन धर्म की प्रमुख विशेषताएँ

१. दया,

२. क्षमा,

३. विनम्रता,

४. सहनशीलता और

५. परोपकार।

हमारा सनातन धर्म क्या सिखाता है? प्रिय पाठकों! मेरे प्यारे बच्चों! हमारा सनातन धर्म हमें मूल रूप से संसार की आसक्ति हटाकर परमात्मा की प्राप्ति सिखाता है। गुरु कृपा से, भगवान् की भक्ति से परमात्मा की प्राप्ति संभव है। मेरे प्यारे बच्चों! हमारा सनातन धर्म जीवों पर दया, लोगों से प्रेम और मोक्ष की प्राप्ति कराता है।

१. दया →

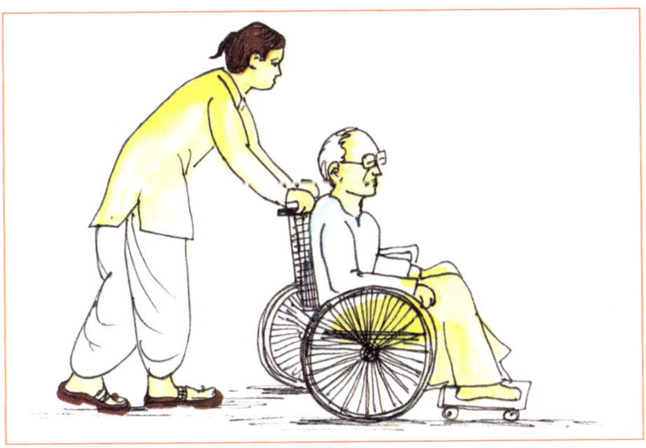

सभी जीवों पर दया करें। हमारा सनातन धर्म सिखाता है कि दया से व्यक्ति महान् बनता है। दया श्रेष्ठता का लक्षण है। दया का उल्टा होता है–'याद'। दया से परमात्मा की याद आती है।

२. क्षमा ➔

कितना भी बड़ा अपराध कोई कर दे, हमारा सनातन धर्म क्षमा करना सिखाता है। श्रेष्ठ बनने का प्रथम गुण है क्षमा।

३. विनम्रता ➔

अभिमान आने के पतन से बचने के लिए विनम्रता आवश्यक है। फलदार वृक्ष हमेशा झुकते हैं–

झुकता वही जिसमें जान होती है,
अकड़ तो एक मुर्दे की पहचान होती है।

व्यक्ति कितनी भी महान् उपलब्धि पा जाए लेकिन विनम्रता न खोए। सनातन धर्म वाणी में विनम्रता सिखाता है। पानी और वाणी; पानी स्वच्छ हो तो चित्र स्पष्ट दिखाई देता है, और वाणी स्वच्छ हो तो चरित्र दिखाई देता है। इसलिए इस देश में चित्र की पूजा नहीं होती, चरित्र की पूजा होती है। इसलिए वाणी में विनम्रता बहुत आवश्यक है।

४. सहनशीलता ➔

सहनशीलता बड़ा अद्भुत गुण है। कितना भी कोई कष्ट दे सनातन धर्म हमें सहनशील बने रहकर सभी का सदैव भला करना सिखाता है। हमें वृक्षों से सहनशीलता सीखनी चाहिए। पत्थर मारने पर भी वे फल देते हैं, इसलिए वृक्षों की पूजा होती है। और प्रकृति परमात्मा कहलाती है।

५. परोपकार →

दूसरों पर उपकार करते रहना, यह हमारा सनातन धर्म सिखाता है। महाराज दधीचि का परोपकार देखिये, जिन्होंने देवताओं के कल्याण के लिए अपने तन की हड्डियाँ भी दान दे दीं थीं।

यही गुण हमारे सनातन धर्म को विशेष बनाते हैं। और इन सभी गुणों और विशेष रूप से इन पाँच गुण-धर्मों को पालने वाले व्यक्ति को महापुरुष एवं महान् बनाते हैं।

अध्याय १०

हमारे राष्ट्र में गुरु का महत्त्व

हमारे राष्ट्र में गुरु का महत्त्व

तस्मै श्री गुरवे नमः ॥

उन श्री गुरुदेव को प्रणाम है।

'गुरु' एक संस्कृत का शब्द है जो दो अवयवों के मेल से बना है–'गु' एवं 'रु'। जिसमें 'गु' का अर्थ 'अंधकार' व 'रु' का अर्थ 'प्रकाश' से है। अर्थात् गुरु अंधकार से प्रकाश की ओर ले जाते हैं। यहाँ अंधकार का अर्थ है अज्ञान। जबकि प्रकाश का अर्थ है ज्ञान। गुरु एक शरीर का नाम नहीं है, गुरु तो एक चेतना है जिसे कहते हैं गुरुतत्त्व–

गुरुगोविंद दोउ खड़े, काके लागूँ पाय।
बलिहारी गुरु आपने, गोविंद दियो बताय ॥
—कबीरदास

कबीरदास जी ने इस दोहे में गुरु की महिमा का वर्णन किया है। वे कहते हैं कि जीवन में कभी ऐसी परिस्थिति आ जाये कि जब गुरु और गोविन्द (ईश्वर) एक साथ खड़े हों तब पहले किन्हें प्रणाम करना चाहिए? गुरु ने ही गोविन्द से हमारा परिचय कराया है इसलिए गुरु का स्थान गोविन्द से भी ऊँचा है। अतः पहले गुरु को ही प्रणाम करना चाहिए।

पृथ्वी के सात प्रत्यक्ष भगवानों के मंगल-दर्शन ➔

माता-पिता व गुरु साक्षात् भगवत् दर्शन हैं। ब्रह्मा-विष्णु-महेश हैं। माँ ब्रह्मा; पिता विष्णु और गुरु महेश हैं। भगवान् के लिए अंग्रेज़ी का शब्द है God। G यानी Generator—जन्म देने वाली माँ—ब्रह्मा। O यानी Operator—पालन करने वाला—पिता—विष्णु। और D यानी Destroyer—अंधकार का नाश करने वाला—गुरु—महेश।

माता	पिता	गुरु
ब्रह्मा	विष्णु	महेश
G—यानी Generator —जन्म देने वाली	O—यानी Operator —पालन करने वाला	D—यानी Destroyer —अंधकार का नाश करने वाला

माता-पिता व गुरु की सेवा भगवत् दर्शन है। परन्तु, माता-पिता व गुरु को तो सब मानते हैं; माता-पिता व गुरु की बात नहीं मानते। इनको मानने से अधिक मूल्यवान है इनकी मानना। यह प्रमुख भगवत् दर्शन है। लेकिन मेरे प्रिय बच्चों! हम आपको सात और भगवान् के बारे में बताते हैं। इनके दर्शन से और इनकी मानने से सब कुछ संभव है। पृथ्वी के सात ईश्वर—

१. गाय,

२. गङ्गा,

३. गौरी,

४. गायत्री,

५. गीता,

६. गोपाल और

७. गुरु ।

हमारे सनातन के ये सात मंगल-दर्शन हम प्रतिदिन कर सकते हैं। माता-पिता और गुरु, यह भगवान् स्वरूप मंगल-दर्शन होते हैं। श्री रामचरितमानस हमें माता-पिता व गुरु की सेवा करना, उन्हें ईश्वर स्वरूप समझ कर उनमें ईश्वर के दर्शन करते हुए उनकी हर आज्ञा का पालन करना सिखाता है–

प्रातकाल उठ कै रघुनाथा।
मातु पिता गुरु नावहिं माथा ॥
श्री रामचरितमानस : बालकाण्ड ॥ दोहा २०४ : पंक्ति ७ ॥

तीनों लोकों में ऐसा कुछ भी नहीं है जो ईश्वर को ज्ञात न हो अथवा प्राप्त न हो। परंतु जब ईश्वर श्रीराम या श्रीकृष्ण के रूप में अवतार लेते हैं तो मानव होने का धर्म निभाने के लिए एवं हमें अपने जीवन में गुरु का महत्त्व बताने के लिए भगवान् श्रीराम गुरु वशिष्ठ के आश्रम में जाते हैं और भगवान् श्रीकृष्ण गुरु संदीपनी के आश्रम में जाते हैं। मनुष्य के जीवन में भगवान् से भी बढ़कर गुरु को माना जाता है। गुरु, शिष्य अथवा साधक का सच्चा मार्गदर्शक होता है। शिष्य अथवा साधक का एकमात्र हितैषी होता है क्योंकि गुरु को कुछ नहीं चाहिए। गुरु तो केवल जीवों पर उपकार करते हैं। गुरु एक पवित्र अलौकिक तत्त्व है। वह मात्र एक शिक्षक नहीं, बल्कि ऐसे व्यक्ति हैं जिन्होंने चेतना की उच्च अवस्था को प्राप्त कर लिया है। कबीरदास जी कहते हैं—

यह तन विष की बेलरी, गुरु अमृत की खान;
सीस दिए जो गुरु मिले, तो भी सस्तो जान ॥

—कबीरदास

अध्याय ११

सनातन धर्म के कर्मकाण्ड

सनातन धर्म के कर्मकाण्ड

हमारे सनातन धर्म के कर्मकाण्ड में अनेक अंग हैं। परंतु यहाँ हमने मुख्य रूप से चार लिए हैं–

१. प्रार्थना,

२. ध्यान,

३. दान और

४. यज्ञ-हवन ।

१. प्रार्थना →

प्रार्थना से परमात्मा तक पहुँचा जा सकता है। प्रार्थना प्रभु-दर्शन की एक अद्भुत दिव्य-शक्ति का अनुभव कराती है। प्रार्थना मन की एकाग्रता है।

आंतरिक शांति के साथ-साथ प्रार्थना से जीवन जीने का बल प्राप्त होता है। प्रार्थना में भाव का महत्त्व होता है, भाषा का नहीं। भाषा कोई भी हो लेकिन याचना न हो। प्रभु ने हमें दो आँखें, दो कान, नाक, मुख, जिह्वा, मानव तन, परिवार, समाज, भारत जैसा राष्ट्र हमको दिया है, इसके लिए धन्यवाद की भावना हो। प्रार्थना क्रोध, वासना और ईर्ष्या इन तीनों को दूर करती है।

२. ध्यान

१ ध्यान का मतलब है अपने आप को जानना।

२ ध्यान हमें ध्येय तक ले जाता है और

३ ध्येय का मतलब जिसने हमें बनाया है।

शास्त्र में आया है—कोऽहम्? मैं कौन हूँ? इसको जानने के लिए ध्यान आवश्यक है। फिर अंत में 'कोऽहम्?' से 'शिवोऽहम्!' 'मैं परम तत्त्व—शिव हूँ!' तक पहुँचने की यात्रा के लिए ध्यान अति आवश्यक है। ध्यान के कई लाभ हैं। जैसे—

१. शांत चित्त,

२. अच्छी एकाग्रता,

३. बेहतर स्पष्टता,

४. बेहतर संवाद और

५. मस्तिष्क एवं शरीर का कायाकल्प व विश्राम।

ज्ञानी नहीं, ध्यानी बनो। ज्ञानी बनोगे तो ज्ञानाभिमान आएगा, ध्यानी बनोगे तो कभी भी अभिमान नहीं आएगा। ध्यान सच्चे मायने में परमात्मा से जुड़ने का एक माध्यम है, प्रक्रिया है, जिसमें एक नवीनता है। यह सरलतम विधि है। ध्यान का मतलब आप एकाकार हो जाओगे। आत्मा से परमात्मा तक पहुँचने के लिए, आत्मा को परमात्मा में विलय करने के लिए ध्यान एक सीढ़ी है, संपर्क साधने की क्रिया है। फिर आप 'शिवोऽहम्!' कहोगे।

फिर आप 'रामोऽहम्!' कहोगे। कौन? शिवोऽहम्! रामोऽहम्! वेदोऽहम्! या कृष्णोऽहम्! दासोऽहम्! इस भाव तक पहुँचने के लिए ध्यान अति आवश्यक है।

३. दान

दान बड़ा महत्वपूर्ण है। दान के तीन अंग माने गए हैं—

१. किसी भी तीर्थ स्थल पर अथवा जीवन में तन की शुद्धि के लिए स्नान आवश्यक है,

२. मन की शुद्धि के लिए भगवत्-चरित्र सुनना आवश्यक है और

३. धन की शुद्धि के लिए दान आवश्यक है।

दान एक ऐसा कार्य है जिसका द्वारा हम न केवल धर्म का पालन करते हैं बल्कि समाज एवं प्राणिमात्र के प्रति अपने कर्तव्यों का भी पालन करते हैं। हमारे शास्त्र कहते हैं कि अपनी आय के दशांश भाग का दान देने से परोपकार भी हो जाता है एवं प्राणियों के प्रति कर्तव्य का कार्य भी पूर्ण हो जाता है। और दान देने से किसी असहाय, बेसहारा एवं वंचित प्राणी के जीवन में क्रांति आती है। जीवन जीने के उसके नए आयाम खुलते हैं, और साथ ही साथ हमारे धन की शुद्धि होती है।

४. यज्ञ-हवन

सनातन धर्म में यज्ञ-हवन की बड़ी महिमा है। हवन को ही यज्ञ, होत्र या होम भी कहते हैं। हवन से नकारात्मक ऊर्जा और बुरी आत्माओं के प्रभाव को समाप्त किया जाता है। गृह-दोष से पीड़ित व्यक्ति गृह शांति के लिए, मानसिक-शांति के लिए, वातावरण की शुद्धि के लिए हवन करते हैं। हवन के द्वारा हम देवताओं तक भोज्य पदार्थ पहुँचाते हैं। यज्ञ एवं अग्नि, देवताओं के डाकिया बनते हैं। हवन की सामग्री—गाय का घी, शुद्ध काली तिल, जौ, चावल, शक्कर एवं जड़ी-बूटियों को मिलाकर जब हम अपने इष्ट आराध्य का मंत्र अथवा नाम लेकर आहुति देते हैं तो यज्ञ एवं अग्नि

देवता डाकिया का काम करके देवताओं तक वह होम, आहुति पहुँचा देते हैं। जिससे देव प्रसन्न होते हैं एवं देव-कृपा होती है। और दैविक ताप मिटता है, ऐसा शास्त्र कहते हैं।

प्रार्थना, ध्यान, कीर्तन, पूजन, हवन, दान आदि हमारे सनातन धर्म के कर्मकाण्ड हैं। ये कर्मकाण्ड हमारे सनातन धर्म के पोषक तत्त्व हैं। सनातन धर्म को पुष्ट करने वाले हैं। और जो भी पाठक, अभिभावक प्रार्थना पर भरोसा रखता, ध्यान करता, कीर्तन करता, पूजन करता, दान करता, हवन करता है वह व्यक्ति कभी भी असफल नहीं होता है। प्रार्थना से सबलता आती है। व्यक्ति मानसिक रूप से कमज़ोर नहीं होता है। ध्यान से बुद्धि का विकास होता है। कीर्तन से मन की भगवान् में तल्लीनता व संगीत चिकित्सा हो जाती है। हवन से, सकारात्मक ऊर्जा प्राप्त होती है व वातावरण की शुद्धि होती है। दान से अभिमान घटता है, परोपकार बढ़ता है और जगत का कल्याण होता है।

वैज्ञानिक कारण ➔

गाय के शुद्ध घी को अगर छेवला (पलाश/ढाक/टेसू/तमाल, वैज्ञानिक नाम-ब्यूटिया मोनोस्पर्मा) की लकड़ी अथवा गाय के गोबर के कण्डे के ऊपर रख कर आहुति दी जाए तो वह ऑक्सीजन पैदा करती है। इस प्रकार वायु-शुद्धि के लिए, वातावरण-शुद्धि के लिए भी हवन आवश्यक है।

अध्याय १२

सनातन धर्म के चरित्र

सनातन धर्म के चरित्र

भगवान् श्रीराम ➔

महाराजा श्री दशरथ जी के चार पुत्रों श्रीराम, श्री भरत, श्री लक्ष्मण व श्री शत्रुघ्न में से माता कौशल्या के पुत्र श्रीराम ज्येष्ठ पुत्र थे। श्रीराम जी का विवाह जनकनन्दिनी श्री सीता जी से हुआ। श्रीराम व श्री सीता जी के दो पुत्र हुए—श्री कुश व श्री लव।

जब जब होहि धरम की हानि, बाढ़हिं असुर अधम अभिमानी,
तब तब धरि प्रभु बिबिध सरीरा, हरहि कृपानिधि सज्जन पीरा ॥
—श्री रामचरितमानस : बालकाण्ड ॥ दोहा १२० : पंक्ति ६ ॥

जब-जब धर्म का ह्रास होता है और नीच अभिमानी राक्षस बढ़ जाते हैं, तब-तब वे कृपानिधान प्रभु भाँति-भाँति के दिव्य शरीर धारण कर सज्जनों की पीड़ा हरते हैं।

साधु-संतों एवं सामान्य जनमानस के हितों की रक्षा के लिए भगवान् श्रीराम ने इस धरा को राक्षसों से शून्य किया। देवी अहल्या, श्री केवट, गिद्धराज जटायु और माता शबरी जैसे भक्तों को कृतार्थ करने के लिए भगवान् श्रीराम का अवतार इस भूमि पर हुआ।

भगवान् श्रीराम से क्या सीखें →

भगवान् श्रीराम से हमें नारी का सम्मान सीखना चाहिए। और सीखना चाहिए कि जातिवाद का कोई महत्त्व नहीं है। कोई ऊँचा या नीचा, बड़ा या छोटा नहीं होता है। महान् वह नहीं है जो बड़े घर में पैदा होकर बड़े घरानों से संबंध रखे। महान् वह है, श्रेष्ठ वह है जो श्रेष्ठ एवं बड़े घर में पैदा होकर के भी शबरी जैसी शबर जाति की भीलनी के जूठे बेर खाये।

भगवान् श्रीकृष्ण →

यदा यदा हि धर्मस्य ग्लानिर्भवति भारत।
धर्मसंस्थापनार्थाय सम्भवामि युगे युगे ॥
हे भारत! जब-जब धर्म की हानि होती है। तब-तब
धर्म की स्थापना करने के लिए मैं प्रत्येक युग में जन्म लेता हूँ।
—श्रीमद्भगवद्गीता : ॥ ४ : ७ ॥

जिस प्रकार त्रेता युग में भगवान् श्रीराम ने इस भूमि को राक्षसों से शून्य किया था उसी प्रकार द्वापर युग में जब धर्म की हानि हुई और अधर्म बढ़ने लगा तब भगवान् श्रीकृष्ण ने भी वही कार्य किया। कंस और चाणूर जैसे दुष्टों का नाश करके, अधर्म का नाश और धर्म की स्थापना की। कौरवों और पांडवों के बीच शांति स्थापित करने के अनेक प्रयास करने के

बावजूद जब महाभारत युद्ध हुआ तब विषादयुक्त अर्जुन को उसका धर्म याद दिलाने के लिए गीतोपदेश दिया।

भगवान् श्रीकृष्ण से क्या सीखें ➔

भगवान् श्रीकृष्ण हमें धर्म का साथ देना सिखाते हैं। धर्म पर चलने वाले लोगों के लिए यदि अपना कोई नियम भी तोड़ना पड़े तो उसे तोड़ देना चाहिए। महाभारत में अपने भक्त की रक्षा के लिए भगवान् श्रीकृष्ण ने रथ का पहिया उठा लिया—

अपना मान भले टल जाए,
पर भक्त का मान न टलते देखा ॥

भगवान् श्री शिव जी ➔

हमारे पुराणों में मुख्य रूप से तीन देवताओं का वर्णन मिलता है—ब्रह्मा, विष्णु और महेश। ब्रह्मा जी सृष्टि करते हैं। विष्णु जी सृष्टि का पालन करते हैं। और महेश यानी शिव जी उसका विलय करते हैं। समुद्र मंथन के समय जब हलाहल उपजा तो भगवान् श्री शिव जी ने उसे अपने कण्ठ में धारण किया था। इसीलिए उनका एक नाम नीलकण्ठ भी है। इसका अर्थ यह है कि हमारे जीवन में जो कुछ भी विष है उससे न तो हमारा और न ही दूसरों का

अहित हो। भगवान् श्री शिव जी हमारे सभी विषों का, सभी अमंगलों का नाश करते हैं। शिव-तत्त्व अर्थात् मंगल-तत्त्व। हमारे जीवन में जो कुछ भी मंगल है, वही शिव-तत्त्व है। भगवान् श्री शिव जी की अर्धांगिनी हैं—माता पार्वती जी। इनके दो पुत्र हैं—श्री कार्तिकेय व श्री गणेश।

भगवान् श्री शिव जी से क्या सीखें ➔

भगवान् श्री शिव जी हमें सौम्यता सिखाते हैं। जगत-कल्याण के लिए विष का भी पान किया, यही नीलकण्ठ शङ्कर हैं। अर्थात् हमें अपने राष्ट्र, भारत के लिए विष का भी पान करना पड़े तो कर लेना चाहिए। और इस विषपान को भगवान् शङ्कर की भांति कण्ठ में धारण करना है। न अंदर ले जाना है, न बाहर रखना है। क्योंकि बाहर रखेंगे तो राष्ट्र जलेगा और अंदर रखेंगे तो स्वयं जलेंगे लेकिन यदि कण्ठ में रखेंगे तो नीलकण्ठ हो जाएँगे।

रामभक्त श्री हनुमान् जी ➔

रामभक्त श्री हनुमान् जी के गुण—

१. वाक्पटुता,
२. स्वामिभक्ति,
३. कार्य-कुशलता,
४. कुशल-नेतृत्व,
५. बुद्धिमत्ता,
६. ज्ञानियों में अग्रगण्य,
७. चतुराई,
८. अतुलित बल के निधान,
९. बल का बुद्धि के साथ संयोग व उसका प्रयोग,
१०. कुशल संदेशवाहक, दूत,
११. सर्वोत्तम कथावाचक और
१२. कथा के सर्वोत्तम श्रोता।

भगवान् श्रीराम के परम भक्त श्री हनुमान् जी को सर्वाधिक प्रिय हैं श्रीराम, श्रीराम-नाम और श्रीराम-कथा। पवन पुत्र, अंजनिनंदन, शिव के अंश और ग्यारहों रुद्रों के अवतार श्री हनुमान् जी 'अतुलित बल के धाम' है। एक हज़ार हाथियों के बराबर बल जिस में हो उसे दिग्गज कहते हैं। एक हज़ार दिग्गजों के बराबर बल इंद्र के हाथी ऐरावत में है। एक हज़ार ऐरावतों का बल इंद्र में है। और एक हज़ार इंद्रों के बराबर बल श्री हनुमान् जी के शरीर के एक रोम में अथवा उनकी पूँछ के एक बाल में है। उनके बल का, उनकी शक्तियों का अनुमान नहीं लगाया जा सकता है। श्री हनुमान् जी ज्ञानियों में अग्रगण्य हैं। सीता माता का पता लगाने के लिए जब वे लङ्का को गए तो उन्होंने लङ्का का विध्वंस लङ्का के ही तेल, कपड़े और अग्नि से कर डाला और अक्षय कुमार का वध करके अंगदजी के लङ्का प्रवेश का रास्ता साफ़ बना दिया। दशानन रावण यदि किसी से डरता था तो वह थे श्री हनुमान् जी। भगवान् श्रीराम और श्री लक्ष्मण को तो रावण मात्र वनवासी मनुष्य के रूप में ही देखता था, उनसे बिलकुल नहीं डरता था।

श्री हनुमान् जी की पूजा के १० लाभ–

१. भूत-पिशाच निकट नहीं आते,

२. नवग्रह में से एक, शनि देवता से रक्षा होती है,

३. सभी रोगों से मुक्ति मिलती है,

४. बंधनों से मुक्ति मिलती है,

५. पञ्चमुखी हनुमान् जी की पूजा बाधा, टोटका से बचाती है,

६. दुर्घटना से बचते हैं,

७. कर्ज़ से मुक्ति मिलती है,

८. तनाव, अवसाद से मुक्ति मिलती है,

९. ज्ञान बढ़ता है, बुद्धि बढ़ती है,

१०. यश की प्राप्ति व गुरुकृपा होती है।

भगवान् श्री हनुमान् जी से क्या सीखें ➔

भगवान् श्री हनुमान् जी से हमें स्वामी भक्ति व सेवा सीखनी चाहिए। सेवक वही है जो अपना परिचय न देकर के अपने स्वामी का परिचय दे।

भक्त प्रह्लाद ➔

असुर हिरण्यकशिपु का पुत्र प्रह्लाद भगवान् विष्णु का भक्त था। हिरण्यकशिपु ने भगवान् ब्रह्मा जी की कड़ी तपस्या की तथा उनसे विचित्र वरदान माँगा—भगवान् ब्रह्मा के बनाये हुए किसी भी प्राणी से उसकी मृत्यु न हो सके। न मनुष्य से, न पशु, दैत्य, देवताओं, सर्प, गन्धर्व आदि से; न महल के भीतर न बाहर; न पृथ्वी पर न आकाश में, न दिन न रात्रि में; बारहों में से किसी भी महीने में नहीं, न अस्त्र न शस्त्र से। वह स्वयं को सर्वशक्तिमान तथा भगवान् मानता था। लेकिन उसका स्वयं का ही पुत्र प्रह्लाद हमेशा विष्णु भक्ति में लीन रहता था। जिससे वह अत्यंत क्रोधित हुआ। उसने प्रह्लाद को मारने के कई असफल प्रयत्न किए। एक बार अत्यंत क्रोध में भरकर उसने प्रह्लाद से पूछा, "कहाँ है तेरा विष्णु?" तब प्रह्लाद ने कहा कि वे तो कण-कण में विद्यमान् हैं। उसने अपने भवन का एक स्तंभ दिखा के पूछा, क्या इसमें भी है? प्रह्लाद ने कहा, "हाँ।" ऐसा सुनते ही हिरण्यकशिपु ने क्रोध में उस स्तंभ को तोड़ डाला। उसमें से भगवान् विष्णु ने नरसिंह रूप में प्रकट होकर भवन की चौखट पर ले जाकर, संध्या के समय, अपने गोद में रखकर नाखूनों की सहायता से उसका वध कर दिया।

भक्त प्रह्लाद से क्या सीखें ➔

भक्त प्रह्लाद से हमें सत्य बोलना और उस पर अडिग रहना सीखना चाहिए।

तज्यो पिता प्रहलाद, विभीषन बंधु, भरत महतारी।
बलि गुरु तज्यो कंत ब्रज-बनितन्हिं, भए मुद-मङ्गलकारी ॥
—गोस्वामी तुलसीदास जी, विनय-पत्रिका से ॥ २ ॥

प्रह्लाद ने अपने पिता हिरणकशिपु का, विभीषण ने अपने भाई रावण का भरत ने अपनी माँ, राजा बलि ने अपने गुरु और ब्रज की स्त्रियों ने कृष्ण के प्रेम में अपने पतियों का परित्याग किया था :

ये पाँच लोग ऐसे हैं जिन्होंने ईश्वर के लिए अपनों को भी त्याग दिया; इसलिए इनकी महिमा सदैव गाई जाती है। यदि कोई भगवत्-विरोधी है, राष्ट्र-विरोधी है तो वह अपना ही क्यों न हो, उसका त्याग कर देना चाहिए। उसकी संगत को भी त्याग देना चाहिए। धर्म और राष्ट्र के लिए–

–सबसे श्रेष्ठ संबंध पिता का, प्रह्लाद ने त्याग दिया,

–सबसे प्यारा संबंध होता है भाई का, विभीषण ने त्याग दिया,

–माँ से बड़ा कोई नाता नहीं होता, उसको भी भरत जी ने त्याग दिया,

–गुरु उससे भी अधिक श्रेष्ठ है, लेकिन उसको भी बलि ने त्याग दिया।

माता अनसूया ➔

वनवास के दौरान जब भगवान् श्रीराम चित्रकूट में निवास कर रहे थे वहाँ वे ऋषि श्री अत्रिजी के आश्रम में गए। श्री सीता माता ऋषि अत्रि जी की पत्नी श्री अनसूयाजी से प्रेमपूर्वक मिलीं। माता अनसूया ने श्री सीता माता को ऐसे दिव्य वस्त्र और आभूषण पहनाये जो नित्य नये, निर्मल और सुहावने बने रहते हैं। फिर ऋषि पत्नी माता अनसूयाजी ने माता सीता को स्त्री धर्म की कई बातें बताईं।

माता अनसूया से क्या सीखें ➔

हमारी पूज्य माताओं! माता अनसूया हमें 'पति की सेवा' सिखाती हैं। यदि कोई स्त्री एकनिष्ठ पतिव्रता है, पति के वचनों की आज्ञा मानने वाली है तो हमारे भारत की वह स्त्री तपोबल की धनी होती है। एक बार जब अनसूयाजी के पति ऋषि अत्रि तपस्या से उठे, तब उन्होंने पानी माँगा। लेकिन जंगल में दूर-दूर तक कहीं पानी नहीं था तो अपने तपोबल से पहाड़ों के बीच में जाकर माता अनसूया ने अपनी पति की प्यास मिटाने के लिए माता मंदाकिनी को, गुप्त गोदावरी को आज्ञा देकर प्रकट किया था। इतना

प्रबल था उनका पतिव्रत-तपोबल। अपने तप से माता अनसूया ने एक बार ब्रह्मा, विष्णु, महेश को बालक बना दिया था। पतिव्रत धर्म का पालन करने वाली हमारे भारत की माता ईश्वर को भी लाल बना सकती है।

भक्त मीराबाई →

बचपन से ही मीराबाई की प्रीत भगवान् श्रीकृष्ण में लगी हुई थी। ससुराल वालों के बड़े-से-बड़े अत्याचारों को सहकर भी अपनी प्रीत की डोर को मीराबाई ने टूटने नहीं दिया और अंत में सशरीर ही वे भगवान् श्रीकृष्ण में विलीन हो गईं। मीराबाई भक्ति की पराकाष्ठा हैं। इनसे बड़ा कोई भक्त नहीं—

ए री मैं तो प्रेम दीवानी, मेरो दरद न जाने कोइ।

भक्त मीराबाई से क्या सीखें →

राष्ट्र भक्त और सनातन भक्त वही है जो अपने जीवन में लोक-लाज को अलग रख देता है। एक राष्ट्रभक्त और भगवत्-भक्त की जाति तो आत्मा होती है। उसका स्वयं का नाम मिट जाता है—

जाति हमारी आत्मा, प्राण हमारा नाम।
अलख हमारा इष्ट है, गगन हमारा ग्राम॥

श्री बागेश्वर धाम के संकल्प

श्री बागेश्वर धाम के संकल्प

१. श्री बागेश्वर धाम पर चल रहा अन्नपूर्णा भंडारा, जहाँ हज़ारों श्रद्धालु भक्तगण प्रतिदिन निःशुल्क भंडारा पाते हैं।

२. धाम की चढ़ोत्री से प्रतिवर्ष निर्धन और बेसहारा कन्याओं का विवाह किया जाता है।

३. कैंसर हॉस्पीटल।

४. आदिवासियों के मध्य में कथा।

५. हिंदुत्व जागरण का संकल्प 'भारत हिंदू राष्ट्र'।

६. वैदिक शिक्षा के लिए धाम परिसर में गुरुकुल।

७. सामाजिक सेवाओं के साथ-साथ आध्यात्मिक सेवा 'आओ लौटें सनातन की ओर'।

८. पर्यावरण संरक्षण के लिए देशभर में 'बागेश्वर-बगिया', सवा ग्यारह लाख वृक्षारोपण।

९. गोरक्षा–'गोशाला नहीं उपाय, एक हिन्दू एक गाय'।

१०. बेसहारा बच्चों के लिए रहने-खाने से लेकर शिक्षा की व्यवस्था करना।

११. सनातन के संरक्षण के लिए सत्य सनातन साहित्य रचना अभियान।

१२. आगामी पत्रिका।

श्री बागेश्वर धाम के सूत्र

श्री बागेश्वर धाम के सूत्र

१. दुनिया को चाहने वाला बिखर जाता है,
राघव को चाहने वाला निखर जाता है।
—पूज्य श्री बागेश्वर धाम सरकार

२. कथा, व्यथा मिटाती है।
—पूज्य श्री बागेश्वर धाम सरकार

३. संशयों का नास, गोस्वामी तुलसीकृत रामायण के पास।
—पूज्य श्री बागेश्वर धाम सरकार

४. रामजी का चरित्रामृत,
उपदेश का वचनामृत।
—पूज्य श्री बागेश्वर धाम सरकार

५. राम कथा जिंदगी का सार,
तुलसीदास जी की रामायण इक उपहार,
जो गावे, पढ़े, सुने; सो भव से बेड़ा पार।
—पूज्य श्री बागेश्वर धाम सरकार

६. राम को तो मानते, परंतु राम की नहीं मानते।
—पूज्य श्री बागेश्वर धाम सरकार

७. कायदे में रहोगे, तो फ़ायदे में रहोगे।
—पूज्य श्री बागेश्वर धाम सरकार

८. क्रोध में नहीं, बोध में जियो!
—पूज्य श्री बागेश्वर धाम सरकार

९. जो शेष है, वही विशेष है।
 —पूज्य श्री बागेश्वर धाम सरकार

१०. गुरु को पाने वाला बुद्धू नहीं, बुद्ध होता है।
 —पूज्य श्री बागेश्वर धाम सरकार

११. सच्चा और अच्छा गुरु रंक को भी राजा बना देता है।
 —पूज्य श्री बागेश्वर धाम सरकार

१२. प्रभाव में नहीं, स्वभाव में जिओ!
 —पूज्य श्री बागेश्वर धाम सरकार

१३. छमता (क्षमता) नहीं, हृदय में ममता रखो।
 —पूज्य श्री बागेश्वर धाम सरकार

१४. भागो नहीं; जागो!
 —पूज्य श्री बागेश्वर धाम सरकार

१५. जो प्राप्त है, वही पर्याप्त है।
 —पूज्य श्री बागेश्वर धाम सरकार

१६. प्रचार में नहीं, विचार में जियो।
 —पूज्य श्री बागेश्वर धाम सरकार

१७. भगवान् से भगवान् की वस्तुएँ मत माँगो,
 भगवान् से भगवान् को माँगो।
 —पूज्य श्री बागेश्वर धाम सरकार

१८. अन्य देशों के प्रति, विदेशों की दृष्टि व्यापार की है,
 भारत की दृष्टि परिवार की है—'वसुधैव कुटुम्बकम्'।
 —पूज्य श्री बागेश्वर धाम सरकार

१९. राम ही सार है, बाकी सब बेकार है।
 —पूज्य श्री बागेश्वर धाम सरकार

२०. भोग में नहीं, योग में जियो।
 परमात्मा के संयोग में जियो॥
 —पूज्य श्री बागेश्वर धाम सरकार

२१. न मान प्रिय हो।
न सम्मान प्रिय हो।
न स्वाभिमान प्रिय हो।
न अभिमान प्रिय हो।
हमें तो सिर्फ़ हनुमान् प्रिय हो।
—पूज्य श्री बागेश्वर धाम सरकार

२२. श्री बागेश्वर धाम में आने वाला शव भी शिव बन जाता है।
—पूज्य श्री बागेश्वर धाम सरकार

२३. ज्ञानी न सही, पर ध्यानी तो बनो।
—पूज्य श्री बागेश्वर धाम सरकार

२४. पाप से बचना है, तो जाप करना है।
—पूज्य श्री बागेश्वर धाम सरकार

२५. जो राम का नहीं, वो किसी काम का नहीं।
—पूज्य श्री बागेश्वर धाम सरकार

२६. गोशाला नहीं उपाय,
एक हिंदू, एक गाय।
—पूज्य श्री बागेश्वर धाम सरकार

२७. तुम मेरा साथ दो,
हम मिलकर 'हिन्दू राष्ट्र' बनाएँगे।
—पूज्य श्री बागेश्वर धाम सरकार

२८. साधन नहीं, साधना जुटाओ।
—पूज्य श्री बागेश्वर धाम सरकार

२०. चिंता नहीं, चिंतन करो।
चिंता श्मशान तक पहुँचाती है।
चिंतन भगवान् तक पहुँचाता है।
—पूज्य श्री बागेश्वर धाम सरकार

३०. तुम अपनी जलन बरक़रार रखो, हम अपना जलवा बरकरार रखेंगे।
—पूज्य श्री बागेश्वर धाम सरकार

३१. चिंता किस काम की, जय बागेश्वर धाम की।
—पूज्य श्री बागेश्वर धाम सरकार

३२. चित्र को मत पकड़ो, चरित्र को पकड़ो।
—पूज्य श्री बागेश्वर धाम सरकार

३३. देह को तो बाँध सकते हो, पर नेह को नहीं।
—पूज्य श्री बागेश्वर धाम सरकार

३४. संसार का बंधन भले ही हो, पर परमात्मा का वंदन न छूटे।
—पूज्य श्री बागेश्वर धाम सरकार

३५. जवानी शुद्ध हो, बुढ़ापा सिद्ध हो।
—पूज्य श्री बागेश्वर धाम सरकार

३६. बार-बार मरना नहीं, एक बार बचना नहीं;
फिर डरना किस बात का?
—पूज्य श्री बागेश्वर धाम सरकार

लेखक का परिचय

पं. श्री धीरेन्द्र कृष्ण शास्त्री

यदा यदा हि धर्मस्य ग्लानिर्भवति भारत,
अभ्युत्थानमधर्मस्य तदात्मानं सृजाम्यहम् ॥

परित्राणाय साधूनां विनाशाय च दुष्कृताम्,
धर्मसंस्थापनार्थाय सम्भवामि युगे युगे ॥

—श्रीमद्भगवद्गीता : ॥ ४ : ७, ८ ॥

जब-जब इस धरा पर धर्म की हानि होती है तो भगवान् उसे स्थापित करने के लिए अवतार लेते हैं और भूभारहरण करते हैं। त्रेता में श्रीराम, द्वापर में श्रीकृष्ण के रूप में भगवान् ने अवतार लिया था। कुछ सहस्र वर्ष पूर्व ऐसा ही अवसर आया था जब भगवान् श्री आदि शङ्कराचार्य जी ने इस धरा पर सनातन धर्म की पुनर्स्थापना की थी। आज पुनः ब्रह्मनिष्ठ साधु संतों की तपोभूमि, भारतमाता उसी प्रकार से सनातन धर्म की पुनर्स्थापना माँग रही है। इस कार्य को करने का बीड़ा उठाया है पं. श्री धीरेन्द्र कृष्ण शास्त्री जी ने।

भारत में कई ऐतिहासिक मठ-मंदिर, आश्रम और धाम प्रतिष्ठित हैं। ऐसा ही एक धाम है—श्री बागेश्वर धाम, मध्य प्रदेश के छतरपुर ज़िले के गढ़ा गाँव में। यहाँ पर लगभग (वर्तमान २०२३ से) ३२२ वर्षों से भी अधिक समय से प्राचीन स्वयंभू श्री महादेव एवं श्री बाला जी सरकार का दिव्य स्थान है। ऐसी किंवदंती है कि उत्तराखंड के श्री बागेश्वर धाम से शिवलिङ्ग को लाकर यहाँ प्रतिष्ठित किया था इसीलिए इन्हें श्री बागेश्वर महादेव भी कहा जाता है। वर्तमान में इस श्री बागेश्वर धाम के पीठाधीश्वर हैं पं. श्री धीरेन्द्र कृष्ण शास्त्री जी, जिन्हें सारा संसार 'श्री बागेश्वर धाम सरकार' के नाम से संबोधित करता है।

४ जुलाई १९९६ को मध्यप्रदेश के छतरपुर ज़िले के ग्राम गढ़ा में सरयूपारीय ब्राह्मण परिवार में पिता श्रीरामकृपालजी महाराज और भक्तिमति माता

श्रीमती सरोजजी के परिवार में जन्मे श्री धीरेन्द्र जी का बचपन निर्धनता और तंगहाली में बीता। लगभग ३०० वर्ष पूर्व जिस मानव कल्याण और जनसेवा की परंपरा को श्री संन्यासी बाबा ने आरंभ किया था, उसी परंपरा को वे और आगे बढ़ा रहे हैं। इनसे पहले इस परंपरा को आगे बढ़ाया इनके 'पूज्य दादा जी' संत श्री श्री सेतुलाल गर्ग वैष्णव उर्फ़ भगवान् दास गर्ग जी ने। और इनसे पिछली पीढ़ी में भगवान् दासजी के चाचाजी, संत श्री श्री गोले महाराज गर्ग, 'कक्काजी' हुए। इन्हें लोग 'चश्मावाले बाबा' नाम से भी जानते थे। श्री बागेश्वर धाम बाला जी के अनुग्रह, श्री संन्यासी बाबा और दादा गुरु जी के आशीर्वाद और अपने जप-तप के प्रताप से पं. श्री धीरेन्द्र जी को अनेक सिद्धियाँ प्राप्त हैं। इनमें से एक सिद्धि है कि वे बिना किसी के बताए सामने वाले का दुःख, दर्द, परेशानियाँ आदि जान जाते हैं और साथ ही उसका कारण और उसका निदान भी जान जाते हैं। इस सिद्धि को दिव्य दरबार के माध्यम से पं. श्री धीरेन्द्र जी ने पूर्णतः श्री बागेश्वर धाम के भक्तों व अन्य जनमानस के सेवार्थ उनके दैहिक, मानसिक, भौतिक व दैविक दुःखों के निवारणार्थ समर्पित कर दिया है।

कण-कण में विष्णु बसे, जन-जन में श्रीराम।
प्राणों में माँ जानकी, मन में बसे हनुमान् ॥

पं. श्री धीरेन्द्र जी श्रीराम, श्री हनुमान् व श्रीमद्भागवतम् जैसी कथाएँ सुनाकर लोगों में ईश्वर के प्रति प्रेम जगाने का काम बहुत अच्छे से कर रहे हैं। छोटी आयु से ही उन्होंने इन सभी कार्यों का श्री गणेश कर दिया था। उनका कथा कहने का अंदाज़ ऐसा निराला है कि बच्चे, युवा, बूढ़े, स्त्री-पुरुष सब लाखों की संख्या में खिंचे चले आते हैं।

श्री बागेश्वर धाम के पीठाधीश्वर पं. श्री धीरेन्द्र कृष्ण शास्त्री जी के संकल्पों ने समाज कल्याण और लोक कल्याण की एक अलग परिभाषा गढ़ी है। महाराज श्री के संकल्पों के जीते-जागते उदाहरण हैं—धाम परिसर में चल रही अन्नपूर्णा रसोई, धाम की चढ़ोत्री से प्रतिवर्ष निर्धन और बेसहारा बेटियों का विवाह, वैदिक शिक्षा के लिए धाम परिसर में गुरुकुल, पर्यावरण संरक्षण के लिए देशभर में श्री बागेश्वर बगिया, गौरक्षा के लिए प्रेरणा—'गोशाला नहीं उपाय, एक हिन्दू एक गाय!' और बेसहारा बच्चों के लिए रहने-खाने से लेकर शिक्षा की व्यवस्था करना।